A Study on the Monetization Level in China from
the Perspective of Structure and Efficiency

结构与效率视角下
我国货币化水平研究

吴建军◎著

人民出版社

目 录

导　论

第一节　问题的提出

一、研究背景

作为联系货币与实体经济以及衡量一国金融发展程度的指标，货币化水平（M_2/GDP）一直深受国内外学者的关注。我国货币化水平表现异常，从 1980 年的 0.36 上升至 2022 年的 2.20，在呈现趋势性上升的同时，也远远高于发达国家 1.00 左右的平均水平。麦金农（Mckinnon）把我国货币化水平过高与低物价水平并存称为"中国货币化之谜"。[①]因此，需要对这一现象作出解释并得出具体的政策含义。

对于我国货币化水平较高且持续上涨，许多学者从不同视角进行了深入研究并得出了合理的结论。货币化水平反映的是货币存量与国内生产总量的比例，本身是一个结构指标。尽管许多研究从结构视角对货币化水平问题展开分析，但对结构变化背后的效率问题未给予足够的重视。结合货币经济与实体经济之间的关联机制以及我国经济运行的阶段特征，本书将重点关注经济结构及产出效率对货币化水平的

---

①　［美］罗纳德·麦金农著：《经济市场化的次序：向市场经济过渡时期的金融控制》，周庭煜、尹翔硕、陈中亚译，上海人民出版社 1997 年版，第 280 页。

影响。

改革开放以来，我国经济在快速发展的同时也伴随着以下三个特点：第一，虽然近年来直接融资有一定的发展，但从融资规模占比来看，我国的融资模式仍以间接融资为主；第二，我国总需求结构持续呈现高投资、高净出口、低消费"两高一低"的特征。投资规模不但占国内生产总值（GDP）的比例高，而且增速快，净出口占国内生产总值的比重也相对较高，相应地，消费占国内生产总值的比例较低；第三，投资效率近年来呈现下降趋势。长期以来，由于我国经济增长模式的规模粗放型及要素驱动型特征，大量的投资集中于基础设施建设、重工业等领域。虽然这一经济增长方式在一定的历史阶段为国内生产总值的高速增长起到了重要作用，但不具有可持续性。随着我国经济进入高质量发展阶段以及"新常态"的到来，产能过剩、重复建设等问题逐渐显露，投资效率不容乐观。

党的二十大报告指出："深化金融体制改革，建设现代中央银行制度，加强和完善现代金融监管，强化金融稳定保障体系，依法将各类金融活动全部纳入监管，守住不发生系统性风险底线。健全资本市场功能，提高直接融资比重。"①2023年《政府工作报告》也提出根据形势变化灵活把握政策力度，保持流动性合理充裕，用好降准、再贷款等政策工具，加大对实体经济的有效支持。货币化水平在反映经济运行结构与效率的同时，也是衡量宏观杠杆率以及测度金融风险的重要指标，因此，对货币化水平进行深入分析可以揭示我国经济运行中的结构、效率以及风险隐患问题。

---

① 习近平：《高举中国特色社会主义伟大旗帜　为全面建设社会主义现代化国家而团结奋斗——在中国共产党第二十次全国代表大会上的报告》，人民出版社2022年版，第29—30页。

本书立足现实国情，以融资结构、总需求结构及投资效率为视角，结合货币的性质及经济运行的逻辑，通过构建货币需求函数揭示我国货币化水平的决定因素，力争使研究结论具有横向对比与纵向变化的解释功能。进一步地，本书试图分析融资结构、总需求结构与投资效率之间的内在逻辑关系，在此基础上提出优化结构、提高效率的政策建议，以促进我国经济结构转型，提升金融服务实体的能力，实现经济高质量发展。

二、研究意义

本书的研究意义主要包括以下三个方面。

第一，丰富了我国货币化水平成因的研究。自"中国货币化之谜"提出以来，我国货币化水平的相关文献成果十分丰富，既有从金融层面，也有从实体经济层面，对不同阶段货币化水平较高或持续上升提供了解释，但也存在一定的不足：一是把 M_2 的规模及变化等同于 M_2/GDP 的大小及变化，并未深入考察 M_2 与 GDP 之间的关联机制；二是由于研究视角的差异，有的研究虽然解释了为什么我国货币化水平高于其他国家，但不能解释在纵向上为何持续上升。与之对应，有的研究虽然解释了我国货币化水平的持续上升，但不能解释横向上为何高于其他国家。本书基于对我国货币与实体经济关联的综合考察，提出了融资结构、总需求结构以及投资效率的"两结构一效率"的研究框架，[①]从结构与效率的双重视角对货币化问题进行剖析，对现有研究在深度和广度上进行补充与拓展。

---

① 结合我国近年来经济运行的特征，消费及净出口受投资的影响与制约，因而本书的分析框架也可以归纳为"融资结构—投资率—投资效率"。

是我国货币化水平上升的重要原因。[①] 这一理论比较好地解释了我国货币化水平的早期上升，但是也存在一定的局限性。首先，许多原来不用货币交易的商品用货币交易后会增加货币存量，但是，计入交易的商品往往也会计入 GDP，使统计意义上的 GDP 增加，进而 M_2 与 GDP 的比例关系究竟发生怎样的变化，需要作出进一步的分析。其次，事实上，在 1993 年我国已经基本完成商品货币化，但是之后的货币化依然持续上升，经济货币化假说已经不能解释这一时间之后货币化水平的进一步上升。最后，从横向对比看，发达国家的经济货币化程度明显高于我国，这一假说不能解释为何我国货币化水平反而高于发达国家。为了回应这些疑问，许多学者把货币化假说拓展为广义货币化假说。

（二）广义货币化假说

广义货币化假说将流量商品货币化扩展到存量资产货币化，认为不仅日常交易的商品需要货币化，像土地、股票、债券等存量资产也需要货币化，该假说为货币化水平的持续上升作出了进一步的解释。其中主要的观点有资产存量货币化[②]、虚拟经济的快速发展[③]、虚拟经济的虹吸效应[④]、土地与住房的商品化和货币化[⑤] 等。

从现实角度看，广义经济货币化假说不能解释为何国外虚拟经济

---

① 黄昌利、任若恩：《中国的 M_2/GDP 水平与趋势的国际比较、影响因素：1978—2002》，《中国软科学》2004 年第 2 期。

② 帅勇：《资本存量货币化对货币需求的影响》，《中国经济问题》2002 年第 3 期。

③ 伍超明：《货币流通速度的再认识——对中国 1993—2003 年虚拟经济与实体经济关系的分析》，《经济研究》2004 年第 9 期。

④ 张炜、景维民、许娜：《货币供给与通货膨胀背离的时变成因分析》，《中央财经大学学报》2021 年第 6 期。

⑤ Joseph E. Stiglitz, "Inequality and Economic Growth", *Political Quarterly*, Vol.86, No.S1, 2015.

更发达，但货币化水平仍低于我国。从理论角度看，该假说强调了股票或债券等金融资产以及其他实物资产交易对货币需求的互补效应，但没有分析货币的生成机制。显然，如果不涉及央行及商业银行资产与负债的变动，交易行为只会导致货币在不同经济主体之间的转移，而不会被创造出来，从而不会增加货币存量。另外，该假说未充分考虑各类金融资产及实物资产对货币需求的替代效应。

二、金融结构与货币化水平

现有对金融结构与货币化水平关系的研究主要从以下几个方面展开：一是从储蓄结构的角度，认为货币性储蓄资产过高是导致我国货币化水平过高的原因；二是从融资结构的角度，分析不同的融资结构对货币化水平的影响；三是从金融结构与效率的角度，研究储蓄投资转化效率对货币化水平的影响。

（一）储蓄资产单一假说

观察我国货币结构可以发现，近年来代表交易性货币需求的 M_1 增长幅度并不大，准货币（M_2-M_1）才是 M_2 上升的主要力量，而居民储蓄存款是准货币的主要构成部分。我国 M_2 中包含了大量居民储蓄存款，M_2 增长绝大部分由准货币增长导致，所以，M_2 过高的原因之一是居民储蓄率过高。[①] 城乡银行储蓄总额可有效地解释广义货币中的准货币供给量，我国 M_2 相对于 GDP 的持续高速增长主要是由准货币的高速增长造成的。[②] 另外，金融抑制使人们持有货币的成本较低，从而大量财富以货币的形式存在，最终表现为货币需求相对较高，使

① 余永定：《M_2/GDP 的动态增长路径》，《世界经济》2002 年第 12 期。
② 秦朵：《居民储蓄——准货币之主源》，《经济学季刊》2002 年第 1 期。

货币化水平不断上升。① 因此，在居民储蓄行为不变的前提下，丰富金融产品种类②、鼓励金融机构创新、发展股票市场③，是抑制准货币增长从而降低货币化水平的有效途径。

储蓄资产单一假说存在以下几个方面的问题：第一，经济主体主要以银行存款的形式持有资产，结果必然是货币存量过多，因而银行储蓄存款过多与货币存量过多是同一问题的不同表达，属于同义反复；第二，经济主体把部分收入以存款的形式持有并没有创造出更多的货币，而是存款在不同经济主体之间的转移，即货币由发放主体转移到接受主体；第三，储蓄资产单一假说重点关注了商业银行资产负债表的右方——资金来源对货币存量 M_2 的影响，而相对忽略了商业银行资产负债表的左方——资金运用对 GDP 的促进作用。事实上，既然被称为储蓄性资产，在逻辑上应具有价值创造功能，但这一假说未将储蓄性货币与实物资产进行关联，进而没有进一步分析储蓄性货币所对应的实物资产创造 GDP 的能力。

（二）融资结构

从经济运行的角度考察，有何种融资结构就会有何种资产持有结构，我国间接融资为主的融资结构与经济主体主要以银行存款的形式持有资产是从不同角度看待同一个经济现象。金融结构主要有两种，一种是银行主导的间接金融结构，另一种是资本市场主导的直接金融

---

① L.Wang and T. Zhu, "The Myth of China's Monetization, Applied Economics Letters", *Taylor & Francis Journals*, Vol.25, No.11, 2018.

② 黄昌利、任若恩：《中国的 M_2/GDP 水平与趋势的国际比较、影响因素：1978—2002》，《中国软科学》2004 年第 2 期。

③ 程健、林梅华：《我国 M_2/GDP 畸高影响因素实证分析》，《华东经济管理》2006 年第 1 期。

结构。

基于"贷款创造存款"的货币创造理论，李斌与伍戈认为，一个经济体越依赖于银行融资，货币化水平一般而言就会越高。[①] 相关研究也表明，银行主导的金融体系比市场主导的金融体系创造更多货币，新兴加转型的经济特征使高投资、高信贷、高货币存量之间存在依次因果关系。[②] 因此，在其他条件不变的情况下，以间接融资为主的经济体货币化水平更高。[③]

与广义货币化假说认为的金融市场发展会导致货币化水平上升不同，金融结构假说认为金融市场不发达会导致货币化水平上升，两种假说结论相同但原因相反，两者的分歧在于股票、债券等金融资产与货币需求（供给）之间的替代效应与互补效应孰大孰小。

无论是储蓄性资产单一假说还是间接融资为主假说，其研究结论均具有很强的横向对比功能，即可以充分说明我国货币化水平高于其他国家，但不能有效解释在融资结构大致不变的情形下为何我国的货币化水平呈现持续上升的趋势，原因如前文所述，主要是这两种假说未关注商业银行的资产运用对 GDP 的促进作用，显然，促进作用越弱，既定的存款或货币对应的 GDP 数量越少，从而会提高货币化水平。

（三）储蓄投资转化效率与货币化水平

金融结构不仅在货币层面导致 M_2 的增加，也会进一步影响货币

---

① 李斌、伍戈：《信用创造、货币供求与经济结构》，中国金融出版社 2014 年版，第 304 页。

② 张一、张运才：《广义货币与国内生产总值比值增长的诱因与趋势：1978—2015 年》，《改革》2016 年第 4 期。

③ 李宏瑾、任羽菲：《金融结构、经济效率与 M2/GDP 的关系——基于跨国面板数据的实证研究》，《经济与管理研究》2020 年第 5 期。

与实体之间的传导。研究表明，商业银行资金配置效率低下[1]、资金脱离生产领域造成金融与实体相背离[2]、储蓄投资转化渠道不通[3]、M_2的增加没有伴随相应的实物产出、投资效率偏低[4]等都会导致我国货币化水平不断上升。因此，完善金融市场支持实体经济的能力[5]、提升经济效率[6]，有助于降低货币化水平。

特定金融结构下储蓄投资转化效率假说从货币经济与实体经济两个层面对我国货币化水平问题展开分析，对于深入理解货币化水平的成因及潜在风险具有很强的理论及实践意义，但还需要一个统一理论框架以对我国的货币化水平作出更具说服力的解释。另外，虽然并未影响研究结论，但是，此假说误解了储蓄与投资的因果关系。[7]

三、经济结构与货币化水平

经济结构与货币化水平关系的研究主要从以下四个角度展开：一是从总需求结构角度，认为高投资、低消费、高净出口导致了我国货币化水平逐年上升；二是从产业结构角度，认为产业结构变动对我国货币化水平不断上升具有重要影响；三是从交易环节角度指出，对于

① 谢平、张怀清：《融资结构、不良资产与我国 M_2/GDP》，《经济研究》2007 年第 2 期。
② 张春生、吴超林：《中国 M_2/GDP 畸高原因的再考察——基于商业银行资产负债表的分析》，《数量经济技术经济研究》2008 年第 5 期。
③ 刘亦文、胡宗义：《中国 M_2/GDP 畸高之谜的再考察——兼论当前全球金融危机的实质》，《财经理论与实践》2010 年第 2 期。
④ 王磊、朱太辉：《高货币化率的非货币化解释》，《国际金融研究》2016 年第 12 期。
⑤ 杨子荣、张鹏杨：《金融结构、产业结构与经济增长——基于新结构金融学视角的实证检验》，《经济学季刊》2018 年第 2 期。
⑥ 李宏瑾、任羽菲：《金融结构、经济效率与 M_2/GDP 的关系——基于跨国面板数据的实证研究》，《经济与管理研究》2020 年第 5 期。
⑦ 如本书后面章节反复强调的，"储蓄投资转化"是现有研究中的一个误区，无论是基于经济逻辑还是现实实践，是"投资储蓄转化"，而不是"储蓄投资转化"。

既定的国内生产总值，如果分工越细，中间的交易链条越长，交易量的规模也就越大，从而交易量与国内生产总值的比例上升，会使货币流通速度下降，即货币化水平上升；四是从收入分配差距角度，认为我国收入分配差距扩大，会影响货币需求，进而影响我国的货币化水平。

（一）总需求结构

以总需求结构为视角研究货币化水平的文献较多。许多学者认为，我国的高投资[①]、消费相对不足与投资相对过剩[②]、GDP长期依靠投资与出口拉动[③]、净出口累积[④]、政府驱动投资发展模式[⑤]，导致了我国的高货币化水平。

总需求结构假说将研究视角转向实体经济结构，为"中国货币化之谜"提供了新的解释。但这一假说同样不能有效说明在我国总需求结构大致不变的情形下为何货币化水平持续上升，也就是说，总需求结构对货币化水平的解释只具有横向对比功能，所以还需要结合其他因素进行综合分析。

（二）产业结构

随着研究的不断深入，不少学者从产业结构升级的角度来研究我

---

① 王洋：《内生货币和"中国之谜"：基于存量—流量结构的新解说》，《经济科学》2007年第5期。

② 卢万青、魏作磊：《当前我国流动性过剩的主要原因是结构性失衡》，《经济学家》2008年第2期。

③ 李世美、狄振鹏、郭福良：《虚拟经济繁荣与实体经济放缓：金融化的分层解释与治理》，《金融发展研究》2022年第1期。

④ 徐斯旸、查理：《总需求结构、内生性货币供给量与中国货币化水平》，《财经问题研究》2017年第10期。

⑤ 张宏博、朱安东：《信用货币创造、投资发展模式与M_2/GDP》，《上海经济研究》2022年第11期。

国货币化水平问题。在经济活动中，相对于其他部门而言，农业部门货币化程度最低，而在经济增长过程中，无论是用增加值衡量还是用就业量衡量，农业部门的相对重要性都会趋于下降。因此，有些学者认为，只要中国经济持续增长，农业部门的占比会进一步降低，从而货币化水平仍有继续上升的趋势。[1] 相关理论及实证研究也表明，随着各产业占国民经济比重的改变，货币化水平随之发生改变。[2] 由于高级产业的有机构成提高会导致货币占用更多，因而产业结构升级对货币化水平上升的影响非常显著。[3]

产业结构变动假说用各产业对货币的占用量不同解释了我国货币化水平的持续上升，否认了我国存在货币超发，但该假说不能很好地从横向对比的角度说明我国货币化水平为何高于第三产业比重较大的发达国家。

（三）交易环节

交易环节增加假说认为，费雪方程式（$MV=PQ$）中计算的是交易量 Q，而不是国内生产总值 GDP，随着分工的不断细化，交易环节的增加并不与国内生产总值的增加相同步进而造成误差，因此，在研究货币供给量与经济增长关系时，不仅要考虑最后总产出的增长，也应该考虑交易环节的增加。[4] 正是近些年来我国经济分工与专业化水平

---

[1]　A.Mele&R.Stefanski, "Velocity in the Long Run: Money and Structural Transformation", *Review of Economic Dynamics*, Vol.31, 2018.

[2]　陈思翀、李文学、徐奇渊：《产出结构对货币需求的影响：基于中国省级面板数据的研究》，《世界经济》2018 年第 9 期。

[3]　范从来、杜晴：《中国高货币化率的产业结构变动解释》，《经济研究参考》2021 年第 10 期。

[4]　徐蔼婷、李金昌：《中国货币流通速度及变化规律——一个新的分析视角》，《财贸经济》2010 年第 10 期。

的提升、社会交易额相对较大①，使"超额"的货币被中间环节所吸收，导致我国货币流通速度降低，即货币化水平上升。这一理论具有纵向解释功能，但在横向上不能解释为何发达国家分工更细、交易链条更长，但货币化水平反而较低。

（四）收入分配

收入分配假说认为收入分配差距过大导致总体的边际消费倾向过小，使货币政策或财政政策引起的货币供给增加对拉动 GDP 作用甚微，进而导致货币化水平呈现上升趋势。②另外，高收入群体有着更高的货币需求，随着我国收入差距的不断扩大，货币需求增长会快于经济增速，造成货币化水平的不断上升。③相关实证研究也显示，收入分配差距不断扩大是推动我国货币化水平持续上升的一个重要因素，④货币化水平与我国的收入不平等呈正相关。⑤

综观现有研究货币化水平的相关文献，除了以上几个角度外，也有不少学者从要素市场化及投资体制⑥、政府部门对银行体系的有效控制和居民部门对银行体系的高度依赖⑦、汇率与利率管制⑧、融资约束和

① 金迪：《"超额"货币都去哪儿了——对我国货币收入流通速度长期下降的一个解释》，《财贸经济》2014 年第 6 期。
② 吴建军：《我国 M_2/GDP 过高的原因：基于收入分配差距的分析》，《经济学家》2004 年第 1 期。
③ 康志勇：《货币流通速度与收入差距——来自中国 1980—2004 年的经验证据》，《上海金融》2007 年第 11 期。
④ 何运信、钟立新、耿中元：《收入差距、货币需求与中国高 M_2/GDP 之谜》，《经济社会体制比较》2015 年第 6 期。
⑤ L.Sun, "Quantifying the Effects of Financialization and Leverage in China", *The Chinese Economy*, Vol.51, No.3, 2018.
⑥ 江春、江晶晶、单超：《基于总需求结构的中国高 M_2/GDP 之谜解析》，《广东金融学院学报》2009 年第 5 期。
⑦ 张杰：《中国的高货币化之谜》，《经济研究》2006 年第 6 期。
⑧ 黄桂田、何石军：《结构扭曲与中国货币之谜——基于转型经济金融抑制的视角》，《金融研究》2011 年第 7 期。

投资限制[①]、地方政府倾向国有企业和房地产部门的信贷政策[②]、政府代持储蓄性资产[③]等角度对我国的货币化水平的形成机制进行了分析。这些研究从制度层面对我国货币化水平问题展开了更为深入的剖析，得出了具有启发性的研究结论。但是，货币经济与实体经济的关系涉及的变量非常之多，变量之间的内部关联也非常复杂，需要找到联系货币经济与实体经济的关键变量，以建立统一的分析框架，揭示经济运作的制度内涵，从而提出相应的改进措施。

四、对相关文献的简要评价及本书的研究起点

（一）简要评价

针对我国货币化水平偏高且呈上升趋势的现象，已有文献在研究广度和深度上逐步加大，从货币本身到涉及面更广的金融结构，再到金融结构背后的储蓄投资转化过程以及经济结构，不少文献已深入到制度层面。但由于影响货币化水平的因素相当复杂，现有研究也存在一定的不足，主要表现在以下几个方面：

第一，虽然许多学者从不同视角对不同时期的货币化水平进行了深入研究并得出了合理的结论，但在一定程度上并不能完全解释目前货币化水平较高且持续上升的成因及影响。例如，有些研究解释了我国货币化水平较高的原因，具有横向对比功能，但不能解释我国货币化水平为何持续上升，从而不具备纵向对比功能。有些研究解释了我

---

① 徐长生、马克：《"中国货币之谜"：基于货币需求视角的解释》，《经济学家》2015 年第 8 期。

② 李秀萍、付兵涛、韩立彬：《晋升激励、信贷错配与高货币化率》，《云南财经大学学报》2021 年第 11 期。

③ 吴建军、卓凯：《中国货币供给的再认识》，《宏观经济研究》2017 年第 9 期。

国货币化水平持续上升的原因，具有纵向对比功能，但不能解释我国货币化水平为何高于其他国家，从而不具备横向对比功能。

第二，很多研究比较重视总量分析，即使有些研究基于结构的视角，但由于对货币的本质进而货币与实体经济的内在联系机制认识不够全面，未能建立货币与实体经济之间关系的理论框架，较多的研究仅是验证相关关系，相对缺乏理论逻辑分析，从而没有得出一致性的研究结论。

第三，尽管许多研究从实体经济运行尤其是从实体经济结构的视角研究我国货币化水平，相对于以往偏向于研究货币对实体经济的单向传导是一个重大理论进步，但对于实体经济结构变化背后的效率问题并没有予以足够的重视，因而对于我国货币化水平较高且持续上升及其潜在风险缺乏应有的解释力。

总体来看，作为联系货币与实体经济以及衡量一国金融发展程度的重要指标，货币化水平的高低及变化会受到众多因素的影响。本书认为，合理解释货币化水平的关键是建立符合我国经济实践的货币需求函数。梳理相关文献也可以发现，各项研究或明确或隐含地体现了对我国货币需求函数的理解。无论是狭义货币化假说、广义货币化假说还是交易环节增加假说，主要强调货币的交易功能，即货币是为了实现交易而存在的。交易对象是流量还是存量，以及流量和存量的范围是什么，构成了这些假说的差异。融资结构或储蓄结构假说从不同的角度强调了货币的资产性质，体现了资产性货币需求，但是相对忽视了资产性货币与国内生产总值的联系。这些假说更强调商业银行资金来源对货币及物价水平的影响，而相对忽视了商业银行的资金运用对国内生产总值的作用。总需求结构及产业结构假说强调了不同的实体经济结构下，货币需求会有所差异，但同样忽略了货币需求对应实物资产的产出能力。也就是说，货币化水平与货币需求虽然存在密切联系，但两者显然不是同一个问题。对于货币化水平问题，在强调货币资产性质的同时，还应关注货币所对应资产的产出能力，即产出效率对货币水平的影响。

从经济实践来看，以上研究结论，如前文所述，要么不具有横向对比功能，从而不能解释我国货币化水平为何高于英、美等发达国家，要么不具有纵向对比功能，从而不能解释我国货币化水平为何持续上升。本书认为，在进一步认识货币与实体经济关联机制的基础上，构建符合具体经济实践的货币需求函数，结合商业银行的资产负债表，以资本存量为联系货币存量与国内生产总值的中间变量，可以从经济结构与产出效率两个维度解释我国的货币化水平较高与持续上升。

（二）研究起点

如前文所述，对于货币化水平问题的研究文献十分丰富，本书在吸收现有研究成果的基础上，结合我国经济运行的特征，构建研究框架，试图更全面地理解货币化水平的结构及效率成因。为此，本书拟对融资结构——储蓄率假说、流动性偏好假说进行简单的介绍与评价，以反映本书的研究起点及进一步研究的思路。

李斌与伍戈基于"贷款创造存款"的逻辑认为，现有关于 M_2/GDP 水平的解释很多都是似是而非的，比较而言，货币创造理论构建的融资结构——储蓄率假说似乎能更好地对 M_2/GDP 变化进行横向和纵向的分析和解释。一个经济体越依赖于银行融资，且储蓄率越高，其货币 /GDP 一般而言就会越高，而且这一结论可以得到经验与实证的支持。[①] 在以间接融资为主的融资结构下，储蓄性资产将以存款的形式体现，如果储蓄率较高，那么一国的货币存量 M_2 也会较高。

　　"贷款创造存款"无疑是对现代货币创造的正确解读，但是，"贷款创造存款"也就意味着"投资创造储蓄"。[②] 因此，融资结构——储蓄率假说对于解释我国的货币化水平过高或持续上升现象，理论上并不彻底，并没有继续深入到高投资这一层面。即使融资结构和高储蓄率可以解释我国货币存量 M_2 的上升，但是解释货币化水平上升还需结合其他因素，因为这一观点只考虑了高储蓄对货币存量 M_2 的影响，而没有考虑高储蓄及投资效率对 GDP 的促进作用。

　　显然，如果贷款主体贷款的目的是扩大生产，必然将对 GDP 具有促进作用，因而该假说的不足之处主要体现在两个方面。一方面，该假说认为，货币或存款以储蓄的形式出现，但对 GDP 没有影响，因为"新增货币越来越多的部分用于储蓄，那么该经济体中的货币增速就会超过 GDP 增速（因为只有用于交易功能的货币才有支持 GDP 增长的作用），从而货币 /GDP 或 M_2/GDP 就会出现上升"。[③] 也就是说，这一观点认为储蓄性货币只对货币存量 M_2 产生作用，而对 GDP 不产生影响。可是，储蓄性货币的储蓄性质决定了持有储蓄性货币要产生收益。从宏观层面看，收益必然来自于实体，因而储蓄性货币也将对

---

　　① 李斌、伍戈：《信用创造、货币供求与经济结构》，中国金融出版社 2014 年版，第304 页。

　　② 由"贷款决定存款"可以推导出"投资决定储蓄"，但两者并不是一个等价命题，一是有些贷款不是为了投资；二是在直接融资模式下，投资取得资金先要经过初始储蓄者的认可，之后才是投资创造或决定新的储蓄。对于间接融资模式下的"投资决定储蓄"，本书在第二章将进行详细的论述。

　　③ 李斌、伍戈：《信用创造、货币供求与经济结构》，中国金融出版社 2014 年版，第287 页。

应现实中的资产。一旦储蓄性货币不对应现实中可以产生收入流的资产，那么在宏观层面上也就不能称为"储蓄性货币"，属于货币虚增。

另一方面，该假说认为"储蓄率较高还会通过另一个层面增加货币供给。当储蓄率较高且金融市场不发达时，储蓄性存款将承担贮藏功能，而不会用来购买股票、债券从而为企业提供融资支持"。[①] 事实上，储蓄性货币同样可以用来购买股票、债券，如果在一级市场购买，则融资主体将获得这笔存款，并转化为活期存款用于购买生产要素，而生产要素出售方又得到这笔存款，并重新转化为储蓄性货币。通过这一过程可以发现，经济主体在一级市场的购买行为是将自己的储蓄性货币转化为另外一个企业的股票或债券，生产要素的出售方将持有这笔储蓄性货币。这一过程不但创造出了新的实物资产，也会使原有实物资产的索取主体由一级市场的购买者转移到生产要素的出售方。总之，这一假说虽然提出了"贷款决定存款"的信用货币创造规律，批评了"实物货币观"，但没有进一步指出，货币尤其是储蓄性货币要对应"实物"。

对于储蓄对货币化水平的影响，也有学者认为"中国持续上升的 M_2 占 GDP 比重是中国储蓄过剩的表现，中国的货币存量不过是实体经济储蓄的货币表现形式，正确的问题不是问中国为什么会有这么多货币，而是问中国这么多的货币为什么没有被花出去"。[②] 从宏观角度考察，在封闭经济条件下，一国的储蓄规模便是其实物资产总量，资产或储蓄的表现形式与融资结构有关。在间接融资模式下表现为资产

[①] 李斌、伍戈：《信用创造、货币供求与经济结构》，中国金融出版社 2014 年版，第 287 页。

[②] 徐高著：《宏观经济学二十五讲：中国视角》，中国人民大学出版社 2019 年版，第 400 页。

性货币，在直接融资模式下，则表现为股票（股权）、债券等。因此，一国的资产性货币规模取决于实物资产规模与融资结构。即使货币被花出去，也不会改变储蓄规模，只是改变储蓄或实物资产的持有主体与表现形式。

例如，当经济主体动用货币购买某企业的产品时，如果该企业没有银行贷款，这一购买行为会导致货币从产品购买方转移到企业方，不会改变货币存量。如果企业有银行贷款，这一购买行为会导致贷款与存款同时减少，属于货币消失。相应地，企业资产的资金来源由银行贷款转化为自有资金，企业的融资结构相应地也会变为股权融资，此时，资产性货币虽然减少了，但储蓄并未减少，只是储蓄的形式转化为股票（股权）。因此，货币多是高储蓄的结果，股票、债券多同样是高储蓄的结果，只是储蓄性的表现形式有所差异。从这个角度看，储蓄性货币与股票、债券没有本质的区别，都是对现实中实物资产或储蓄拥有索取权的凭证。除非消费行为降低了现实中的资产存量，否则动用货币进行消费的过程只会使货币转移或融资结构发生变化，并不改变储蓄或实物资产的规模。

彭文生在凯恩斯流动性偏好理论的基础上，强调货币的储值功能，并用 $M_2=bW$（其中，W 为社会总财富或总资产，b 为流动性资产占总资产的比例，其大小取决于人们的流动性偏好）说明货币需求的决定因素，并据此认为流动性偏好是货币化水平上升的原因。其机制是，当货币政策使流动性供给（货币）增加时，流动性资产（货币）的占比会超过流动性偏好的水平，这时，利率下降，人们重新配置资产，用流动性资产（货币）去交换风险资产，风险资产价格上涨，财富值上升，流动性资产（货币）占总财富的比例重新回到均衡值。在这一过程中，私人部门融资条件改善，这不但有利于投资，也会通过财富效应刺激消费，当总需求大于总供给时，才会导致价格水平上涨，因而货币供给的增加不一定导致价格水平上升，由此，这一理论间接地解释了货币化水平的上升。①

这一理论也存在以下不足：一是该理论关于货币的储值功能只是个人意义上的，而不是社会或宏观意义上的。任何金融资产，包括股票、债券，其储值功能只能通过实体经济的产出能力来体现，因此，流动性偏好理论没有说明货币如何对应实物资产，进而也不可能通过实物资产的产出能力继续说明货币化水平的决定。

二是该理论对于货币政策如何使货币供给增加的机制没有作出进一步的解释，而是类似于货币外生决定，即只强调了货币供给增加这一结果，但没有分析货币供给增加的原因及过程。在现代经济条件下，尤其在我国，通过货币政策增加的货币主要是存款，即我国的货币具有更强的内生性，是由贷款主体与商业银行共同创造的。贷款主体通过贷款产生的存款是贷款主体的货币需求，但这种货币需求往往不是为了满足流动性偏好，而是为了购买性支出。如果贷款的目的是投资，那么在贷款方购买生产要素完成投资时，贷款主体的存款也就转化为生产要素出售方的存款，实现投资向储蓄转化，储蓄方与投资方通过商业银行建立债权债务关系。此时，要素出售方的存款对应的是贷款方通过贷款形成的资产，资产的生产能力使生产要素出售方或储蓄方的存款（货币）的储值功能得以体现。同时，储蓄方持有存款往往也不是基于流动性偏好，而是将存款作为一种储蓄资产，与持有股票、

---

① 彭文生著：《渐行渐近的金融周期》，中信出版社 2017 年版，第 43—45 页。

债券没有本质的区别。如果贷款的目的不是为了投资而是为了消费，那么，贷款方的存款会随着购买的完成转移到消费品出售方的账户，此时存款反映的是贷款方的消费品是借的存款方的，存款（货币）收益的实现依赖于贷款方抵押物的生产能力。同理，如果贷款的目的是购买风险资产，比如股票，贷款方的存款同样是转移到股票出售方的账户，此时股票出售方的存款对贷款方持有的股票具有索取权，即贷款方的股票是借的股票出售方的，存款就是这一借贷关系的"借条"。在逻辑上，存款储值功能是通过股票的收益来体现的，而股票的收益则取决于股票发行企业的盈利能力。

三是这一理论虽然说明货币供给增加不一定导致价格水平上涨，但价格水平不上涨只是促进货币化水平上升的一个因素。如果用资产的观点看待货币，货币所对应的资产产出能力下降时，货币化水平同样会上升，因为此时既定的货币所对应资产的国内生产总值产出较小。

总之，流动性假说解释力不足的原因在于，没有认识到货币创造主要是商业银行资产运用的结果，货币政策的功能在于改变商业银行资产运用的能力。正因为没有认识到商业银行的资产运用在货币（存款）创造中的作用，因而不能深入认识贷款创造存款的实质，同时也就不可能通过存款→贷款→实物资产这一索取关系理解存款（货币）如何具有储值功能。

从逻辑上看，货币化水平的高低及变化主要受以下几个因素的影响：一是现实中实物资产形成时资金来源于银行贷款的比例，即融资结构。当现实中的实物资产创造的国内生产总值既定时，实物资产的融资结构越倾向于间接融资，则表明对货币的占用越多，货币化水平就越高。二是用于对应实物资产的存款占总存款比例的大小。如果对应实物资产的存款占总存款的比例越低，那么货币化水平也就越高。三是存款所对应实物资产的产出能力。存款对应的实物资产产出能力越高，国内生产总值的水平也将越高，货币化水平就会越低。显然，资产的产出能力既与产业结构有关，也与资本产出效率有关。产业结构升级会提高资本有机构成，改变生产函数，导致既定资本对应的国内生产总值相对变小，即资本产出比上升。当资本产出效率下降时，既定资本对应的国内生产总值也会变小，从而提高资本产出比。这两种情形都会使既定的货币对应相对少的国内生产总值，导致货币化水平上升。

总之，货币化水平是货币存量与国内生产总值流量之比，货币存量主要体现在商业银行资产表的负债端，本书依据货币供给内生理论，分析商业银行资产负债表的形成机制。在此基础上，结合商业银行资产负债表与现实经济运作，运用商业银行资产端既联系存款（货币）又联系实物资产的逻辑，并且国内生产总值流量决定于实物资产的存量规模及产出能力，对货币化水平的决定进行理论分析与系统考察。

第三节　本书的研究思路与可能的贡献

一、研究思路

本书主要从融资结构、总需求结构、投资效率三个层面考察我国货币化水平较高且持续上升问题。本书的主要研究思路是：在回顾货币与实体经济关系的基础上，引出货币的资产性质，从货币的资产性质出发，建立货币需求函数，以资本存量作为联系货币与实体经济的中间变量，分析融资结构、总需求结构、投资效率（资本产出比）对货币化水平的影响机制，并从产业结构与产出效率的角度将资本产出比分解为"产业间效应"与"产业内效应"，探讨货币化水平的潜在风险，然后运用理论模型对我国货币化水平进行实证分析，最后提出相应的政策建议。

二、本书可能的贡献

第一，从货币的资产性质出发，通过构建货币需求函数揭示货币化水平的决定因素。这不仅有助于深化货币经济与实体经济关系的认识，也回应了存量（M_2）与流量（GDP）不能对比的观点，明确了货币化水平这一指标具有的经济含义，这不但有利于澄清关于判断"货币超发"的理论误区，也为制定货币政策以及防范金融风险提供理论依据。

第二，借鉴索罗（Solow）对"卡尔多（Kaldor）事实"进行质疑的方法，进一步将资本产出比变动分解为"产业间效应"与"产业内效应"，这种对结构与效率进行分解的研究方法具有一定的意义，不但弥补了已有研究相对强调结构而未重视效率的分析缺陷，同时也可以揭示不同阶段我国货币化水平上升的结构及效率成因，为金融支持实体经济结构转型及经济高质量发展提供一定的参考价值。

第三，结合实际经济运行，指出了间接融资模式下，贷款决定存款、投资决定储蓄的理论逻辑。在此基础上，说明了总需求结构、融资结构与投资效率之间的关系，同时也验证了在我国间接融资为主的模式下，投资向储蓄的转化更具有"直接"的特征，而不是直接融资模式下首先经由原有储蓄主体的"市场检验"，投资主体才可以获得资金，然后再进行投资向储蓄转化。因此，这一结论深化了对两种融资模式在经济发展中功能的认识，为我国通过大力发展直接融资促进经济高质量发展提供了理论支持。

第一章　货币化水平的理论基础

货币化水平反映的是货币存量 M_2 与 GDP 流量之间的比值，如何看待货币与实体经济的关系是货币理论的核心，因而货币理论在揭示货币与实体经济关系的同时，也构成了货币化水平的理论基础。本章将介绍现代信用货币条件下的货币创造、转移与消失，并据此得出货币的本质，在此基础上，通过评价关于货币与实体经济关系的经典理论，并结合经济运作的实践，构建货币需求函数，指出货币与实体经济的相互作用机制。最后，从货币的资产性质出发，得出货币化水平决定的理论模型。

第一节　信用货币条件下的货币

一、信用货币条件下货币运行的逻辑

在现代信用货币制度下，中央银行和商业银行在货币创造的过程中发挥着重要作用。中央银行作为国家干预和调控国民经济运行的重要机构，所发行的货币具有法定的最终清偿能力，并且有权利用政府信用支持商业银行进行货币创造活动。具体而言，中央银行利用再贷款、再贴现、抵押补充贷款等结构性货币政策工具和公开市场操作、

法定准备金率调整等数量型货币政策工具为商业银行提供基础货币和信用背书。相关研究表明，如果央行管理得当，信用货币制度不仅在稳定金融市场方面明显优于实物货币制度，而且在稳定长期通胀预期方面也并不逊色。①

基础货币由流通中的现金、商业银行法定准备金和超额准备金构成。货币乘数与法定准备金率、超额准备金率及现金占存款的比率有关，法定准备金率越高，商业银行可用于放贷的资金相对较少，派生的存款就会减少，货币供给量相对降低。现金占存款的比率用于衡量退出货币创造过程的资金多少，与商业银行的货币创造能力反向变化。显然，与实物货币制度下货币当局可以直接控制货币发行的货币供给外生不同，在信用货币制度中，商业银行可以直接创造货币，因此货币供给具有很强的内生性。梁斯指出，在信用货币制度中，货币创造取决于经济主体的借款意愿，商业银行可以通过不断创造货币来推动经济持续发展，尤其在以银行融资为主导的金融体系下，经济增长主要依靠银行存款货币驱动，这是实物货币制度所不具备的特征。②

超额准备金在一定程度上可以表征银行的潜在放款能力，"支持"着商业银行的货币创造活动。从最初时点来看，商业银行不具备发放贷款的货币基础，只有从中央银行取得借款，持有了超额准备金，才可以向客户发放贷款，扩张资产的同时创造出信用货币，发放贷款的行为同时增加商业银行的贷款债权和存款债务，这表明，单个银行可

---

① 张越、赵留彦、赵岩：《商品本位与信用本位的选择：金融市场视角下的法币改革》，《经济学（季刊）》2023 年第 1 期。

② 梁斯：《信用货币制度下对货币创造和货币本质的再认识》，《金融理论与实践》2020 年第 5 期。

进行一次性货币创造。中央银行可以通过改变自身的资产和负债，调控商业银行的超额准备金数量，引导信用货币的创造，发挥顶层调控的作用。从这个角度看，货币供给外生和货币供给内生并不是互斥关系，两种机制的核心差异是银行贷款业务的自主性，银行的贷款自主性越强，越有可能直接以贷款方式创造出存款。

相关研究也显示，当所受监管约束较松时，内生性货币理论可以更好地描述货币创造过程。反之，贷款无法创造出真正的存款，只能创造出流动性和安全性都劣于银行存款的"影子负债"。[①] 在信用货币制度下，商业银行的货币创造除受到准备金的影响之外，还会受到诸多因素的约束。本书通过一个具体的例子对货币创造、货币转移、货币消失的逻辑进行说明，从而为进一步理解货币与实体经济的关系提供理论基础。

考察货币的初始生成，假定某经济主体甲从央行贷款1万元，[②] 那么央行的资产负债表的资产端为贷款1万元，负债端为货币发行1万元。甲持有现金1万元。当甲将1万元现金存入商业银行时，商业银行的资产负债表的资产端为库存现金1万元，负债端为存款1万元。

假定法定准备金率为10%并且现实中有贷款需求，商业银行负债端最大的存款规模为10万元，对应了商业银行资产端的1万元准备金缴纳和9万元贷款；央行的资产负债表的资产端为1万元贷款，负债端为1万元的商业银行准备金缴纳。此时，甲的1万元存款（商

---

① 张成思、尹学钰、刘泽豪：《信用货币创造机制的历史演进逻辑》，《国际金融研究》2021年第7期。

② 此假定是为了分析方便，现实中的个体不能从央行取得贷款，一般而言，是商业银行从央行取得贷款，持有了超额准备金，进而具备了放贷能力。从超额准备金的角度看，本例子是以此为起点展开分析并不影响关键结论。

业银行负债）、1 万元商业银行准备金（商业银行资产）、1 万元商业银行准备金缴纳（央行负债）、1 万元贷款（央行资产）形成对应关系；9 万元存款（商业银行负债）与 9 万元贷款（商业银行资产）形成对应关系。

从这个例子可以引申出以下几个启示：

第一，货币存量由央行、商业银行及经济主体共同创造。根据定义，货币存量由流通中的现金与存款构成，其数量的多少或货币乘数的大小取决于央行、商业银行及经济主体的行为。例如，当央行将法定准备金率提高到 20% 时，货币存量规模最多达到 5 万元，而不是 10 万元。当甲并不是将 1 万元现金全部存入商业银行，而是只将 5000 元存入银行时，一旦法定准备金率保持 10% 不变，那么货币存量规模最多能达到 55000 元（5 万元存款加 5000 元现金）。甲将 1 万元现金存入商业银行的比例越小，货币存量能够达到的规模就会越小，当甲将 1 万元全部以现金形式持有时，货币存量只有流通中的现金 1 万元。另外，当商业银行持有超额准备金时，货币存量的规模将会变小，例如，当流通中的现金为 0 元，商业银行的超额准备金为 5000 元时，此时货币存量的规模为 5 万元，即商业银行的负债端为 5 万元存款，资产端为法定准备金、超额准备金 1 万元及贷款 4 万元。

第二，贷款决定存款。在现代银行体系下，商业银行不是将缴纳准备金后的剩余存款贷出，而是满足贷款条件即可用复式记账法凭空创造存款（货币）。也就是说，一旦商业银行持有了超额准备金，即具备了发放贷款进行创造存款的能力，直至将超额准备金用完为止，此时货币存量达到最大。从这个角度看，商业银行拉存款的一个重要目的不是用拉来的存款去发放贷款，而是将拉到的存款转化为超额准备金，从而具备更充足的放贷能力。另外，虽然单个银行可以依靠拉存款以增加超额准备金，从而通过发放贷款扩大自己的资产负债表，但对于整个商业银行系统而言，基础货币的规模由央行决定，商业银行作为整体不能增加基础货币的规模，只能改变基础货币的构成。在本例中，基础货币的规模是 1 万元，如果央行的资产端不扩张，无论商业银行如何操作，基础货币的规模也不会增加。显然，如果经济主体没有贷款需求，存款进而货币就不会被创造出来，此时商业银行将持有相对多的超额准备金，即基础货币的结构将发生变化。

第三，货币转移。在本例中，如果甲用现金购买商品或劳务，会导致现金在不同主体之间的转移。如果乙由于出售商品获得甲的现金，然后存入银行，那么，流通中的现金减少、存款增加，银行持有超额准备金后便可以发放贷款，这又进入了货币创造的环节。如果甲用自己在商业银行的存款购买生产要素时，其存款数量将减少，要素出售方的存款将增加，这属于存款转移，不影响货币供给规模。即使贷款方用自己的存款购买股票等有价证券，也是有价证券出售方的存款增加，贷款方的存款减少，同样属于存款转移。也就是说，在本例中，只要商业银行资产端不创造出更多的贷款，经济主体的任何买卖行为都不能增加货币存量，只是改变货币存量的持有主体。

第四，货币消失。在本例中，当甲向商业银行支取现金时，如果商业银行有超额准备金，则不会影响货币存量，只是改变货币存量结构，即现金增加、存款减少。一旦商业银行没有超额准备金，那么甲的取款行为就会导致货币消失。假定，甲有 1 万元的存款，无现金，商业银行负债端为 10 万元的存款，资产端为 1 万元的法定准备金和 9

万元贷款。如果甲向银行支取现金 1000 元，而商业银行又不能从央行获取贷款，此时，商业银行的存款规模必须收缩为 9 万元，收缩的方式是让贷款方归还贷款，贷款方只能向存款主体出售资产，存款主体的购买行为使自己的存款减少，贷款方的还款行为使自己的贷款减少，直至达到只有 9 万元存款的状态。考察具体的经济运行，更为现实的货币消失是贷款方通过归还贷款使货币消失。比如贷款方运用贷款创造的存款购买了资产 A，资产 A 的出售方得到这笔存款，当贷款方通过资产 A 创造的收入归还贷款时，商业银行的存款与贷款就会同时减少，货币存量下降。此时，资产 A 的融资结构会随着贷款的偿还逐渐转向直接融资，当贷款偿还完毕时，贷款人就由债务人成为股东，资产 A 的融资结构相应地完全转变为直接融资。由此可以得出，对于既定的资产（资产 A）而言，融资结构对货币存量具有重要的影响。

第五，货币超发。目前的研究主要基于以下三个理由断定我国存在货币超发：一是货币存量规模居世界之首，且货币存量与国内生产总值之比持续上升并显著高于世界平均水平；二是货币增速高于国内生产总值增速与物价水平增速之和；三是物价水平上涨。第一二个理由是类似的，都是说明货币存量比名义国内生产总值增速快。第三个理由则与第一二个理由相反，用物价水平上涨说明货币超发。在本例中，可以发现，以存款代表的货币反映的是债务债权关系。因此，货币存量 M_2 并不是代表购买力甚至潜在购买力的合适指标，也不是代表一国资产规模或财富量的指标，不能由我国的货币存量是某几个国家的货币存量之和就得出我国能买下这几个国家的结论。显然，不能因为甲有总量为十元的现金与存款，乙有总量为一元的现金与存款，就断言甲可以买十个乙，其中的道理很简单，乙还有其他资产或财富，现金与存款只是其资产的一部分。另外，由于货币在很大程度上反映的是债权债务关系，这种凭证的多少与融资结构与资产规模或财富总量有关，但与一国资产规模或财富总量并不是等价概念。一个简单的事实是，假定一国的存款主体试图用存款去购买另外一个国家时，存款主体从银行得到的不可能是货币，而是债务主体的资产，即作为记账符号或债权凭证的货币消失。与之相关，虽然我国货币存量在 2022 年末已达到 266.4 万亿元的水平，但当央行向市场投放几千亿元甚至几百亿元时，流动性问题就可以缓解，原因在于 266.4 万亿元货币中的绝大部分是作为凭证而存在的，对应的是资产，已经被固化，真正用于交易的货币并不多。

因此，对于货币是否超发的判断，必须结合融资结构与资产规模的变化，如果货币对应的资产产出效率低，可认为边际的贷款进而存款不应产生，即这种债务债权关系不应该产生，属于货币超发。①物价水平上涨与货币存量之间的关系并不是传统上认为的货币是因、物价是果，在很大程度上，物价上涨是货币存量增加的原因。例如，面对同样一台机器，当融资结构不变时，机器的价格越高，为购置这台机器所需要的贷款进而货币存量（存款）也就越多。至于机器的价格为什么上涨，则更多地取决于其他因素，比如对未来的预期，当投资者认为这台机器有更高的生产能力可以带来更多的利润时，会愿

---

①　由于产生债务时的资产价值是基于成本法的记账行为，债务是否存在风险则是基于收入法的生产行为。根据收入资本化原理，资产产出效率低意味着资产的市场价值低于账面价值，从而导致债务风险增加，使债务失去了产生的基础。如果这种债务是贷款，那么贷款进而存款（货币）也就失去了产生的基础。

意以更高的价格购买机器等。与之类似，我国的房价上涨也是货币存量增加的原因，而不是结果，如果购买住房的首付比例（融资结构）不变，房价越高，需要的贷款也就越多，从而存款与货币存量越多。[①]

综上所述，考察货币创造、货币转移及货币消失一定要结合具体的经济行为对流通中现金及商业银行资产负债表中存款的影响。在现实中，由于流通中的现金占比太小，因而对这一问题的分析就转变为对商业银行资产负债表变化的分析。在分析商业银行资产负债表变化时，需要注意的是，商业银行资产负债表的资产端与负债端一定要同时扩张或收缩，这不但是由复式记账法的性质决定的，更重要的是由经济主体的行为决定的，无法导致资产端变化的行为，也不可能使负债端发生变化。

以股票市场价格的变化与货币存量的关系为例，在不通过借贷仅用自有资金购买股票的情形下，股票买卖只能导致货币持有主体发生变化，即货币转移，从而不能使货币存量发生变化，如果通过贷款的方式买入股票，则会使商业银行的资产端扩张，同时存款或货币就会被创造出来。再例如，比较流行的观点认为，居民储蓄存款增加是货币存量增加的重要原因，这显然是同义反复，因为在统计上存款本身就是货币，这里需要回答的问题是，居民储蓄存款为什么增加。如果答案是取得了工资收入，显然是不彻底的，因为居民工资收入增加进而存款增加的过程也是工资发放主体的存款减少的过程，这只是货币转移，而不是货币创造，除非发放工资的主体通过贷款的方式支付工

---

① 从这个意义上讲，房地产不是巨大的货币"蓄水池"，而是货币的"创造器"，即涉及房地产的贷款创造出了存款货币。

资，这样才会导致商业银行资产端扩张，储蓄存款或货币才会被创造出来。因此，这个问题就会继续转化为，发放工资的主体为什么要贷款，只有这样追问才能发现货币存量增加的原因。

二、货币政策与货币创造

上文只是用一个例子，假定存在 1 万元货币发行的情形下，结合商业银行及经济主体的行为，探讨货币创造、货币转移与货币消失。在这个例子中，初始的货币发行 1 万元也可以视为货币政策操作的结果。从分析中可以发现，特定的货币政策能够导致多大程度的货币创造取决于央行的法定准备金率要求、公众的现金持有意愿、经济主体的贷款意愿与商业银行的放贷意愿，这些因素也决定了货币乘数的大小。在现实中，货币政策与货币创造的关系比上述例子的描述更为复杂，下文结合具体的货币政策加以分析。

（一）货币政策影响货币供给的逻辑

以法定存款准备金率为例，一般认为，提高法定存款准备金率被视为紧缩型货币政策，会导致货币创造减少，产生流动性紧缩。相反，降低法定存款准备金率则被视为宽松型货币政策，会导致货币创造增加，从而为实体经济提供更多的流动性。但在经济实践中，是否存在以上因果关系还要结合央行及商业银行资产负债表的变化进行具体讨论。

例如，在我国，当外汇占款增加从而央行资产负债表的资产增加时，如果央行选择提高法定存款准备金率完全对冲由外汇占款增加导致的货币被动发行，这种货币政策操作，只会引起央行与商业银行资产负债表的扩张，不会影响对国内实体经济的货币供给，从而不构成紧缩性的货币政策。创汇主体结汇取得的国内存款（商业银行负债）→准

银行的超额存款准备金几乎已达到下限，说明贷款规模进而存款规模基本已经达到了上限。在这种情形下，央行提高法定存款准备金率，不但可以有效抑制贷款规模的进一步扩张，而且商业银行为了满足央行的法定存款准备金要求甚至会缩小其资产负债表，如回收贷款进而减少存款。极端情形下，商业银行追回贷款的行为会导致债务人变卖资产以偿还贷款，而存款者运用存款购买资产，商业银行的存款与贷款同时减少，商业银行的资产负债表收缩，①直至达到央行的法定存款准备金要求。这表明，紧缩型货币政策，尤其是法定准备金率政策，对于抑制货币创造，甚至减少货币存量具有较强的作用。

当然，在现实中，商业银行为了回避央行的政策干预，可以通过提高存款利率的方式使流通中的现金转化为银行存款，以满足法定存款准备金的缴纳，②或运用其他的方式使资金供需双方建立债务债权关系，比如开展以影子银行为代表的表外业务，这类业务虽然没有货币创造，但也会满足资金需求方的资金需求，从事投资等经济活动，使货币政策抑制经济过热的效果下降，因而需要监管措施予以配合。从这个意义上看，宏观审慎监管对于促进货币政策的有效性具有一定的功能。

---

①　显然，通过贷款形成的资产在逻辑上是属于存款主体的，商业银行要求偿还贷款的行为，具有代理性质，即代理存款主体追讨贷款，结果必然是存、贷关系消失，这种消失也意味着通过商业银行建立的债务债权关系消失，从而货币减少，因为货币是这种债务债权关系的凭证。

②　在现实中，商业银行拉存款的实质是拉准备金，虽然商业银行具有"无中生有"的货币创造功能，但这一功能存在的前提是有法定准备金可以缴纳，因而，只有在超额准备金的数量不能满足商业银行的放贷意愿时，才会存在拉存款的情形。显然，如果拉存款行为导致存款在不同银行间转移，一般不会影响总体的货币创造，总体的法定存款准备金规模可能保持不变，即存款转入行与转出行的法定存款准备金等规模增减，但如果拉存款是使现金转换成存款，则很可能会产生货币创造，即将存款导致的超额存款准备金转化为法定存款准备金，此时，总体的法定存款准备金规模将增加。

以上关于法定存款准备金率的分析同样适用于其他类型的数量型货币政策。比如央行通过公开市场业务或其他方式向市场释放流动性时，如果商业银行将由此导致的货币发行转化为超额存款准备金，同样会削弱扩张性货币政策的效果。原因如上文所述，央行的货币投放转化为法定存款准备金越多，扩张性货币政策的效力越大，相应地，转化为超额存款准备金与流通中的现金越多，则扩张性货币政策的效力越低。显然，超额存款准备金及流通中现金的规模会受到商业银行及其他经济主体行为的影响。

价格型货币政策对货币创造进而货币供给的影响，显然也要落实到"货币量"这一最后环节。当央行认为经济未达到资源充分利用的状态，但还存在较高的超额存款准备金缴纳时，则表明数量型货币政策已经相对失效，可以采取价格型货币政策，比如降低利率，促进信贷规模扩张，使超额存款准备金转化为法定存款准备金，实现货币创造，增加货币供给。因此，利率这一价格型货币政策最终还是要归于"量"的变化。如果降低利率仍不能起到扩张信贷进而货币创造的效果，则表明单纯的货币政策已经无法刺激经济，应采取其他政策，比如财政政策予以调节。

一般而言，经济运行越接近资源充分利用的状态，无论是数量型还是价格型的货币政策对经济的刺激作用越小。此时，过度宽松的货币政策不但无益于实体经济，还可能会导致物价水平上涨及资产泡沫，影响金融及经济的稳定，即货币脱离实体经济的"空转"。

（二）货币政策影响货币供给的相关实践

从政策实践情况来看，我国的法定存款准备金率从2007年1月的9.5%上升至2011年6月的21.5%，之后法定存款准备金率不断下调，在 2023 年 3 月，金融机构加权平均存款准备金率降至约为 7.6%。如前所述，上调法定存款准备金率的政策操作不一定是紧缩型的货币政策，下调法定存款准备金率同样也不能认为是扩张型的货币政策。当外汇占款不断增加，进而货币发行不断增加时，为了防止过多的货币发行冲击实体经济，通过提高法定存款准备金率的方式进行对冲是强制结售汇制度下不得已的选择，尽管这一政策操作会带来一些负面影响。而当外汇占款减少、央行的资产减少时，当然也可以通过降低法定存款准备金率的方式进行对冲。

但是，考虑到实体经济运行的状况，我国央行并没有频繁地采用降准这一政策工具，而是在外汇占款减少、资产收缩时，通过加资产的方式，比如，运用常备借贷便利（SLF）、中期借贷便利（MLF）、抵押补充贷款（PSL）等货币政策工具应对外汇占款的减少，使资产负债表规模大致不变。在此时，商业银行不会因为售汇行为被动缩表导致流动性紧缩，[①] 从而这些政策基本上属于稳健型的货币政策。显然，如果常备借贷便利、中期借贷便利、抵押补充贷款等政策工具的实施不是为了弥补外汇占款的减少，而是主动向市场注入流动性，则属于扩张型货币政策。这也进一步表明，即使运用同一种货币政策工具，央行可能具有不同的意图。

虽然近年来我国的法定存款准备金率有所下降，但相对来说，仍处于较高的水平。一方面，较高的法定存款准备金率为我国实施货币政策提供了较大的空间，可以通过降低法定准备金率并配合利率下降实现货币创造，满足实体经济发展的需要。另一方面，上文分析指出

---

① 在外汇占款减少，央行不降低法定准备金率予以对冲，此时，如果没有多余的超额准备金，则央行负债端将主要减少货币发行，商业银行在缩表的同时，也会导致流动性紧缩。

的运用提高法定存款准备金率的方式对冲外汇占款导致的货币发行，是针对商业银行体系的。对于单个或不同种类的商业银行可能会产生不同的影响。

例如，出口企业将创汇所得的货币存放于某个银行，但央行并不是针对获取存款的银行提高法定存款准备金率，而是面向整个商业银行体系对冲这部分货币发行。这对于未取得新增货币的银行，虽然也可以通过拉存款的方式应对法定存款准备金率提高导致的准备金缴纳，但不同的银行获取资金或拉存款的能力并不相同。一般而言，国有大型商业银行可以相对容易地吸收到存款进而满足央行的法定准备金要求，而区域性商业银行或中小银行则相对困难。从这个意义上讲，我国央行除其他考虑之外，对不同类型的商业银行实行差别化的法定存款准备金率政策也有其内在逻辑与现实基础。

从前文的分析可以看出，超额准备金率在商业银行的货币创造中起到了关键性作用，这可以从金融危机中美联储的政策实践得到印证。金融危机发生后，美联储为了增加市场流动性，自 2008 年末启动"量化宽松"的货币政策。牛慕鸿和孙莎的研究表明，尽管美联储的资产负债表从危机前的 0.9 万亿美元扩张至 4.5 万亿美元左右，但超额存款准备金也由 110 亿美元扩张至 2.3 万亿美元，超额存款准备金率一度高达 25%，而此前超额准备金率几乎为 0。美联储的货币乘数也因此由 2007 年的 9.0 降至 2017 年的 3.5，在此期间，广义货币供应量 M_2 的平均增速仅为 6.3%。[①] 这意味着，美联储向市场注入的流动性大部分以超额存款准备金的形式体现，没有转化为法定存款准备

① 牛慕鸿、孙莎：《从超额准备金看美联储缩表的非典型特征》，《中国金融论工作论文》2017 年第 19 期。

金。"量化宽松"的货币政策并没有达到通过商业银行货币创造从而支持实体经济的预期效果。原因如前文分析，尽管央行的资产负债表超规模扩张，但由于央行资产负债表的负债主要以超额准备金体现，必然降低货币乘数，影响政策效力。

美联储资产负债表负债端超额准备金大规模扩张，不仅仅因为美联储于 2008 年 10 月 6 日开始对超额准备金支付利息，更重要的是，超额准备金利率构成了商业银行发放贷款的利率下限。这也意味着，当投资回报率较低时，市场利率已接近超额准备金利率的水平，此利率水平不足以刺激实体经济产生信贷需求，这也验证了在宽松的货币政策环境下，商业银行的货币创造主要取决于实体经济的运行状况。显然，当实体经济增长乏力，资金回报率很低，经济主体对未来预期悲观，缺乏信贷需求时，即使利率降为 0 甚至为负，也不能实现货币创造。此时，央行不对超额准备金支付利息，商业银行也会以超额准备金的方式持有其资产，这也是"流动性陷阱"的另外一种体现。同理，当超额准备金率较高时，即使央行缩表，也不会对实体经济产生较大的影响，更多的表现为央行与商业银行的资产负债表等规模收缩，核心变化是商业银行资产端的"超额准备金缴纳"与央行负债端的"商业银行超额准备金"同时减少。因此，超额准备金的规模或比率限制了央行货币政策的效力。

类似地，日本央行近年来持续降息，刺激经济复苏，但政策效果也倍受质疑。根本原因是，日本老龄化问题日趋严重，劳动力短缺，潜在产出水平下降，从而实体经济的货币需求不高。由此可见，实体经济是否达到资源相对充分利用的状态是货币政策选择必须考虑的因素。但是，在现实中，各国货币当局往往通过纵向对比的思维考虑货币政策的运用，即当一国经济增长率下降时，就认为应该动用扩张性货币政策干预经济，实现货币创造，支持实体经济。显然，一国的潜在增长率的下降会导致实体经济的货币需求下降，根据"贷款决定存款""投资决定储蓄"的理论逻辑，扩张性的货币政策也就起不到预期效果。因此，在货币政策的实践中，一定要结合实体经济的需求，因为货币能否被创造出来，在更大程度上是由实体经济而不是由央行决定的。

　　总之，货币政策对货币创造影响不仅要分析央行资产负债表的变化，更重要的是分析其负债结构的变化，因为基础货币体现在负债端，基础货币的构成决定了货币乘数的大小，而基础货币的结构显然是央行、商业银行以及实体经济共同作用的结果。在理论上，货币政策可以控制商业银行资产负债表的规模进而货币创造的上限，但能否达到此上限还应考察商业银行及经济主体的意愿与行为。在具体的实践中，正如《货币从哪里来？》一书指出的："这意味着英格兰银行不能像乘数模型揭示的那样，通过调整银行存放在中央银行的准备金数量来控制银行的货币创造。事实上，我们可以认为，不是英格兰银行决定商业银行可以发放多少信贷，而是商业银行决定英格兰银行必须贷给其多少准备金和现钞。"[①] 这表明，实体经济的运行状态对货币创造具有决定性的影响。

　　因此，央行应在准确把握实体经济运行的基础上，实施有针对性的货币政策，达到引导与适应实体经济增长的目标。

---

　　① ［英］乔希·瑞安—柯林斯、理查德·沃纳、安德鲁·杰克逊、托尼·格里纳姆：《货币从哪里来？》，朱太辉、颜慧、张泽一译，中信出版集团 2022 年版，第 28 页。

第二节　货币与实体经济的关系

一、货币供给外生论的简单回顾与评价

（一）货币数量论

20 世纪三四十年代凯恩斯（John M. Keynes）的思想被普遍接受之前，货币数量论是占统治地位的宏观经济理论。[①] 货币数量论的历史可以追溯到 15 世纪哥伦布发现新大陆，随后大量金银涌入西欧，至 16 世纪西欧的价格水平长期剧烈上涨，人们开始密切关注价格水平与货币数量之间的关系，形成了原始货币数量论，成为货币理论的开端。

1911 年，费雪（I.Fisher）出版《货币的购买力》，目的是阐述货币购买力的原理，并将这些原理用于研究货币购买力的历史变动。费雪对原始货币数量论进行重新考校与更正，但仍然侧重货币交易媒介职能。

费雪认为，统计上的货币指铸币与钞票，"无论何种财产权，在交易上为一般所愿意收受的（generally acceptable），即可称为货币（money）"[②]。"真正的货币有两种：基本货币和信用货币。基本货币的材料在铸成货币时的价值与别种用途时的价值相等。……信用货币的价值部分或全部依赖于人们是否相信它能够在银行或政府机关兑换基本货币，或相信无论如何它可以偿付债务、购买货物。基本货币的主要例子是金币，信用货币的主要例子是银行钞票。"[③] 货币的主要特点

---

① ［英］劳伦斯·哈里斯：《货币理论》，梁小民译，商务印书馆 2017 年版，第 56 页。

② I.Fisher, *The Purchasing Power of Money*, New York:Macmillan, 1911, p. 5.

③ I.Fisher, *The Purchasing Power of Money*, New York:Macmillan, 1911, p. 11.

是"一般所愿意收受的",次要特点是财产权和交易媒介。

可见,费雪认为的货币大体上指铸币与钞票,相当于现在的 M_0。货币与支票存款的关系为:(1)货币和支票存款是流通媒介的主要形式,都是财产权,主要职能都是交易媒介;(2)作为货币之一的银行钞票和支票存款都由银行供给,大部分是商人以其财产为抵押,用本票向银行交换得到的,这反映了银行是一种把不能直接流通的财产变成流通媒介的机构;(3)支票存款不是货币,因为支票存款不是"一般所愿意收受的"。

由于支票存款也会影响物价,因此需要将其纳入物价水平的研究中,因而,费雪交易方程式的完整表达是:

$$MV + M'V' = PT \tag{1-1}$$

M 和 M' 分别表示货币和支票存款数量。V 和 V' 分别表示货币流通速度和支票存款流通速度,即分别表示一年内货币与货物交易的平均次数和一年内支票存款与货物交易的平均次数。P 表示价格水平(General Level of Prices),是货币购买力的倒数。T 表示交易量,即以货币购买的货物数量。M 与 M' 的影响因素既有联系也有区别。M 的影响因素主要有货币输出国外与输入国内、货币铸造与融化、货币金属的生产与消费、货币制度与银行制度等。M' 与 M 之比取决于个人的习惯,在常态下是稳定的。

货币数量论在费雪交易方程式之后有一些发展,例如庇古(Arthur Cecil Pigou)的剑桥方程式。哈里斯(Harris,2017)指出要正确理解货币数量论:"它并没有假设真实收入总是处于充分就业的水平,没有假设货币流通速度是不变的,而且,也没有假设货币供给是外生因素决定的。因此,把货币数量论说成是货币供给的外生变动引起绝对价格水平同比例变动这样一种简单的看法是不正确的……而且，也强调了货币供给变动对真实收入和就业的影响。"[①] 这表明，现有对货币数量论的理解存在一定的偏差，费雪的货币数量论认为货币对经济的作用是多方面的，不仅仅只对物价水平产生影响。

尽管费雪从货币的功能出发建立了包括众多因素的货币数量方程式，并从不同的角度对方程式中各变量的影响因素及其之间的关系进行了分析，但总体上，他认为货币数量 M 与价格水平 P 之间的关系是这一方程式的核心，即货币数量是价格水平的重要决定因素，从而坚信货币在长期是中性的，对实体经济不产生负面后果，至于短期内出现的不平衡，最终会自行解决。另外，他认为，只要价格水平保持稳定，就不会出现大的危机和萧条。因此，他将注意力放到编制价格指数上，以价格指数作为判断经济是否稳定的关键指标，这种过于关注"宏观"的方法，忽略了经济及银行系统的内部结构。

正是对结构的忽视，费雪没有认识到货币并非均匀地作用于经济。从奥地利学派的观点及现实的经济运作可以看出，货币并不是类似于直升机撒钱的方式使每个人手中的货币增加，而是非均匀地进入经济系统，使商品的相对价格发生变动，进而影响投资与消费，导致经济产生周期性波动。事实上，即使每个人得到的货币一样多，同样也会使相对价格发生变动，货币增加导致各种商品同比例上涨（即"货币中性"）是一种假想状态。因此，对货币问题的分析不能只关注总量，应结合货币的生成过程，分析各经济主体的行为以及由此导致的经济结构变化，才可以进一步认识货币对实体经济及物

---

① 这里的绝对价格水平是费雪交易方程式中的价格水平 P。[英]劳伦斯·哈里斯：《货币理论》，梁小民译，商务印书馆 2017 年版，第 137 页。

价水平的影响。

另外，费雪方程式过度关注货币的交易或媒介功能，忽略了货币的资产功能。这一狭义的货币观，必然限制了分析经济问题的视野，不能有效揭示货币与实体经济的内在联系机制，也很难依据货币数量对价格水平作出相对正确的预测。事实上，在具体的经济实践中，价格水平相对稳定并不是经济健康运行的充分条件。正是因为运用价格水平来判断经济的稳定性，费雪没有预测到 20 世纪 30 年代危机的到来，也使自己的投资遭受巨大的损失。

（二）流动性偏好理论

凯恩斯认为，费雪交易方程式在促进货币理论的发展方面起了很大的作用，但也存在不足之处。例如，费雪交易方程式没有考虑储蓄存款及其价值贮藏职能，只详细分析了铸币、钞票与活期存款的交易媒介职能。在美国和英国，活期存款和储蓄存款占比大，约为 90%，铸币与钞票占比小，仅约 10%。①与此相关，费雪交易方程式忽略了货币对实体经济的影响。凯恩斯在《就业、利息和货币通治》（以下简称《通论》）中指出"当我开始撰写我的《货币论》时，我仍然沿袭着传统的思路，把货币的影响看成好像与供给与需求的一般理论无关的东西。当我完成该书以后，我取得了一些进展，倾向于把货币理论变成一个总产量的理论"。②因此，不同于传统货币理论关注货币对价格的影响，凯恩斯的货币理论更关注货币对国民收入的影响。

---

① ［英］约翰·梅纳德·凯恩斯：《货币论》（上卷），何瑞英译，商务印书馆 1986 年版，第 198 页。
② ［英］约翰·梅纳德·凯恩斯：《就业、利息和货币通论》，高鸿业译，商务印书馆 1999 年版，第 2 页。

流动性偏好理论继承和发展自凯恩斯于 1930 年发表的《货币论》。《通论》采用了《货币论》中的货币定义："计算货币是表示债务、物价与一般购买力的货币，这种货币是货币理论中的原始概念。"① 凯恩斯认为，统计上的货币指在银行以外流通的铸币与钞票以及活期存款和储蓄存款。其中，储蓄存款相当于美国的定期存款。凯恩斯认为，活期存款和储蓄存款由谁"创造"和怎样"创造"，是一个不太实际的争论。所有存款都可以说是由持有存款的银行"创造"的，但其创造也会服从一定的规则和限制，比如自身的规模及准备基金的总量。② 在这里，凯恩斯认识到货币创造是由央行与商业银行共同完成的，货币供给同时具有外生性与内生性。但他同时认为，货币的生成过程并不重要，从而将分析重点置于货币供给与货币需求的均衡及这一均衡过程对经济的影响。

流动性偏好理论围绕利率的决定展开，把货币以外的其他资产用债券代表，债券价格与利率反向变化。凯恩斯指出，个人要完全实现心理上的时间偏好须做两种决策，第一种决策涉及消费倾向，即"把其收入的多大部分用之于消费，又把其收入的多大部分以某种支配权形式加以保存，以备将来的消费之用"。③ 作出这个决策后，不论对他的现期收入还是对他的过去的储蓄而言，都要作出另一个决策，即以何种形式来持有对将来的消费的支配权？具有瞬息流动性的货币和具有利息的债券各占多大比例？凯恩斯认为，"利率是在一个特定期间

① ［英］约翰·梅纳德·凯恩斯：《货币论》，何瑞英译，商务印书馆 1986 年版，第 1 页。
② ［英］约翰·梅纳德·凯恩斯：《货币论》，何瑞英译，商务印书馆 1986 年版，第 29 页。
③ ［英］约翰·梅纳德·凯恩斯：《就业、利息和货币通论》，高鸿业译，商务印书馆 1999 年版，第 169 页。

内放弃流动性的报酬"。[①] 所以，利率是货币需求和货币供给相平衡的
"价格"。凯恩斯强调，流动性偏好是一种潜在的力量，可以决定利率
既定时的货币需求。

　　交易性货币需求主要取决于收入、收入与支出的非同步性、需要
货币时以银行透支等方式取得货币的代价和可靠性。在后两个因素既
定下，交易性货币需求量随收入上升而上升。预防性货币需求主要取
决于收入、需要货币时以银行透支等方式取得货币的代价和可靠性，
在第二个因素既定下，预防性货币需求量随收入的上升而上升。投机
性货币需求主要取决于现期利率与预期状态的关系，在预期状态既定
下，现期利率上升，投机性货币需求下降。

　　据此，凯恩斯提出一个货币供给等于货币需求的方程式：

$$M = M_{\mathrm{I}} + M_{\mathrm{II}} = L_1(Y) + L_2(R) \qquad (1-2)$$

M 表示货币供给；M_{I} 表示满足交易动机和预防动机的货币供给；
M_{II} 表示满足投机动机的货币供给；L_1 表示交易性和预防性货币需求；
L_2 表示投机性货币需求；Y、r 分别表示收入和利率。

　　凯恩斯认为货币是非中性的。他指出，"货币是刺激经济制度活
跃起来的酒"。[②] 同时，凯恩斯又提醒人们注意货币非中性的条件：一
是如果公众的流动性偏好增加大于货币供给增加，那么货币供给增加
将不会导致利率下降，这相当于 LM 曲线水平的情形，即流动性陷阱
状态；二是即使货币供给增加导致利率下降，但如果资本边际效率下
降得更快，也不会促使投资增加，这类似于 IS 曲线处于垂直状态，表

---

　　① ［英］约翰·梅纳德·凯恩斯：《就业、利息和货币通论》，高鸿业译，商务印书馆1999
年版，第170页。
　　② ［英］约翰·梅纳德·凯恩斯：《就业、利息和货币通论》，高鸿业译，商务印书馆1999
年版，第177页。

明投资对利率不敏感；三是如果投资增加导致边际消费倾向下降，那么投资增加可能不会导致就业量及国民收入的增加，即投资增加改变了 IS 曲线的形状与位置，使 IS 与 LM 曲线的交点不能右移；四是投资的增加导致价格水平上升，使名义货币供给增加不能使实际货币供给增加，即 LM 曲线不能右移。

凯恩斯从货币持有动机的角度分析货币需求，然后通过货币需求等于货币供给实现货币市场的均衡。他自称是第一位从供需角度分析货币数量问题的经济学者，也使关于货币理论的分析具有了一定的微观基础。凯恩斯将人们持有货币的动机分为三类：交易需求、预防需求以及投机需求。交易需求与预防需求与收入相关，投机需求与利率相关。当货币供给增加，由于货币供给一定等于货币需求，因而增量货币必然被增加的三类货币需求分别吸收。吸收路径为：货币供给增量中的一部分用于购买债券，债券价格上升，根据收入资本化原理，利率会下降，利率下降导致投资进而收入增加。收入增加导致第一二类货币需求增加，直至利率下降到某一水平，此时，国民收入增加吸收的货币与增加的投机性货币需求之和等于新增货币供给，货币市场又达到了新的均衡点。由此可见，货币供给增加是通过债券购买、债券价格、利率、投资、收入这一系列环节导致货币市场重新均衡。伴随着货币市场的均衡，收入得以提高，这一路径也揭示了货币对经济的作用机制。当然，凯恩斯认为，如前文所述由于流动性陷阱等原因，货币政策在刺激经济复苏方面存在一系列的缺陷，从而转向财政政策。

凯恩斯比费雪对货币与经济关系的认识更深入了一步，原因是他将货币的外延加以拓展，增加了储蓄存款，并通过投机性货币需求分析了储蓄性货币与债券之间的替代关系，并依据投资是利率的减函数，引出了利率的变化及其对实体经济的影响。凯恩斯的货币理论关注的焦点问题不是货币数量对价格水平的影响，而是货币数量经由利率对国民收入的影响。

　　但是，凯恩斯的货币理论也存在以下问题：首先，假定货币供给外生决定，从而没有分析真正的货币创造过程。[①]凯恩斯认为，货币"如何创造"及"由谁创造"是不大符合实际的争论，在央行控制准备金总量的情形下，货币供给量也随之确定，这也是他主张货币供给外生的原因。显然，准备金的最大量是基础货币总量，这也意味着，央行控制基础货币便可以控制准备金。但在现实中，基础货币同样内生于实体经济，央行往往是无法有效控制的，比如，强制结售汇下，外汇占款增加，也会使基础货币增加。另外，即使基础货币的总量既定，当基础货币构成发生改变时，货币乘数也将随之发生变化。由于基础货币的构成与实体经济密切相关，也使货币乘数具有内生性。例如，当实体经济疲软，信贷萎缩时，基础货币更多地表现为超额准备金，超额准备金与法定准备金虽然都属于基础货币，但对货币乘数大小的影响是不同的。当超额准备金转化为法定准备金时，会放大货币乘数，增加货币供给量。

　　其次，货币供给具有内生性使货币是因、实体经济是果的单向因果关系受到质疑。在现实中，假如投资资金可以来源于银行贷款，那么，不是货币供给增加导致投资增加，而是投资增加导致货币供给增

---

　　① 凯恩斯在《货币论》中提出了货币供给内生的思想，指出了货币是银行先发出的贷款，然后形成存款，但这一观点凯恩斯并没有清晰地表达出来，在《通论》中，他又转向了货币供给外生。

加。即使投资资金不能来源于银行贷款，也可以通过私人借贷及发行股票、债券等直接融资方式获取投资所需的资金。也就是说，由于货币与股票、债券的性质相同，即使央行可以控制货币的数量，但由于不能控制股票、债券的数量，经济主体也会通过发行股票、债券以及私人借贷等方式获取投资资金，进而替代银行贷款，使央行不能实现通过控制货币数量调控经济的意图。另外，贾根良与何增平指出，如果不是处于流动性陷阱状态，外生货币理论下的政府支出会推高利率水平。但是，在货币供给内生的情形下，由于利率受到中央银行的直接控制，政府支出不会推高利率从而挤出私人投资。[①] 因此，货币供给外生，央行可以决定货币数量，进而通过利率变化作用于实体经济的认识是不全面的。虽然凯恩斯也认为货币政策可能无效，但无效的原因是基于货币供给外生的前提下得出的，而这一个前提的不成立，本身就可以使货币政策的效力受到质疑。

最后，货币供给外生暗含了货币供给决定货币需求或"存款决定贷款"，忽略了商业银行货币创造功能。在现实中，如前文所述，在满足准备金要求的情形下，资金需求方的贷款可以创造出等量的存款。显然，货币创造过程不但使货币供给发生变化，具有内生性，同时，当贷款方用存款支付生产要素从事生产形成资产时，则意味着此时的存款持有者对贷款方形成的资产具有索取权，使货币成为资产的权利凭证。因此，凯恩斯关于货币供给等于货币需求的分析虽然强调了货币对于生产的促进作用，但仅限于利率这一环节，相对忽视了货币的融资功能及其资产性质对实体经济的影响。

---

① 贾根良、何增平：《现代货币理论大辩论的主要问题与深层次根源》,《中国人民大学学报》2020 年第 5 期。

（三）货币数量论

20世纪五六十年代，弗里德曼（Milton Friedman）提出现代货币数量论。虽然弗里德曼经常引用费雪的货币数量论观点，但其分析比较接近凯恩斯的流动性偏好理论。凯恩斯把债务作为货币的第一含义，弗里德曼则直接把货币看作一种债务。弗里德曼把货币定义为被普遍接受的、以固定票面价值支付债务的债权或商品单位。弗里德曼除了重视凯恩斯强调的价值贮藏之外，还认为货币具有生产性。弗里德曼指出，"对于经济中的最终财富拥有者，货币是一种资产，是持有财富的一种方式。对生产性企业来说，货币是一种资本品，是生产性服务的来源，与其他生产性服务相结合，生产出企业销售的产品。"[1]

关于货币需求和货币供给，弗里德曼像凯恩斯一样，也侧重货币需求分析，但不再具体分析持有货币的动机，而是基于消费者选择理论和生产性服务分析，分别研究最终财富拥有者的货币需求和生产性企业的货币需求。弗里德曼认为"货币数量论首先是一种货币需求理论，而不是关于产量、货币收入或价格水平的理论。对这些变量的任何一种表述都要求把货币数量论与关于货币供给状况和其他变量的某些说明结合在一起"。[2]

弗里德曼把货币需求者分为最终财富拥有者和生产性企业，先是分析最终财富拥有者的货币需求，然后分析生产性企业的货币需求。

[1]　M.Friedman, *The Quantity Theory of Money:A Restatement*, The University of Chicago Press, 1956, pp.3–21.

[2]　M.Friedman, *The Quantity Theory of Money:A Restatement*, The University of Chicago Press, 1956, pp.3–21.

稳定性并不是指货币需求不变。

弗里德曼的货币需求函数中包括的因素更全面，其中也涉及财富或资产（后用持久性收入代替）、资产比例构成、资产收益率等因素，但是，弗里德曼与凯恩斯一样，并没有将货币与现实中的实物资产对应，同样忽略了货币的资产功能，主要体现在以下几个方面：

第一，虽然弗里德曼自称其货币理论是"货币数量论的重新表述"，也提出了"货币至关重要"的理论命题，但对货币的认识还是限于货币的交易功能，即使弗里德曼的货币需求函数中涉及资产与资产收益率，但至少在社会意义上，与货币的资产性质无关。按弗里德曼的观点，当其他资产收益率提高时，经济主体将少持有货币，多持有其他资产，可是，就总体而言，货币需求不会发生改变，因为一个经济主体购买资产减少货币，则出售资产的经济主体必然是减少资产增加货币。在现实中，经济主体持有货币资产的多少与融资结构有关，当一个经济体实物资产的资金来源以直接融资为主时，货币的数量相对较少，股票与债券的数量相对较多，而以间接融资为主时，货币数量相对较多，相应地，股票与债券的数量相对较少。因此，当融资规模相同时，货币需求进而货币供给的多少与一国的融资结构有关。弗里德曼的货币需求函数虽然包含资产，但不是通过融资结构构建货币与资产的关系，只是说明了资产的各种特征会影响货币需求。

第二，虽然弗里德曼认为货币是一种生产服务的来源，与其他生产服务结合，可以生产出产品，并分析了生产性企业货币持有规模的决定因素。但是，他的分析中几乎没有涉及融资结构及其影响因素。从这个角度看，弗里德曼同样没有意识到，货币同股票、债券一样，都是储蓄方为企业提供资金后的权利凭证。因此，弗里德曼依然认为货币只是起到了协调生产的功能，而没有认识到生产者通过贷款后取得货币是用于购买生产要素，经由货币转移之后，生产要素提供方持有的货币对企业的资产具有索取功能。

第三，在弗里德曼的单一货币规则中，货币数量的增长率需要考虑的因素也没有包括资产的增长速度及融资结构的变化。尽管他分析了货币供给由基础货币、准备金率与现金存款比率决定，但在其分析中，更加强调货币供给外生，即央行通过货币政策工具便可实现货币供给的变化，然后经过实体经济及物价水平的吸收，使货币供给与货币需求重新达到均衡。而且为了达到货币当局可以完全控制货币供给的目的，弗里德曼提出了实行100%准备金的政策方案，以限制商业银行的货币创造。但是，货币供给不能独立于货币需求。

与凯恩斯相似，弗里德曼在研究货币如何作用于经济时，都涉及经济主体持有的货币数量不合意，然后通过一系列环节使货币需求量达到合意的水平。问题是，既然不合意，经济主体为什么一开始会持有它？这显然是一种货币供给外生的思维方式，即类似于直升机撒钱式的无缘无故得到一笔货币的情形。事实上，货币需求与货币供给始终是相等的，是从不同的角度看待一个经济体中的货币数量，两者不可能存在孰大孰小的问题。无论是流通中的现金还是存款，从经济主体的角度看，是经济主体的货币需求，从社会统计的角度看，就是货币供给。央行所做的应该是使货币供给适应实体经济的货币需求，而不是先通过货币供给使经济主体的货币需求不合意，然后经由经济主体调整货币需求量，达到货币政策的目标。

由于现实中的资产以何种资金来源方式形成决定了货币需求进而货币供给的数量，因此，不考虑资产增加的规模及其融资结构的差异，弗里德曼提出以产出增长率为核心标准建立货币供给增长率的规则，也就使得这一政策主张的应用价值不具有一般性。

二、货币与实体经济的关联机制

（一）经典宏观经济模型对货币融资功能的忽视

在凯恩斯的简单总支出总收入（AE-AI）模型中，由于假定商品市场不受货币市场及要素市场的约束，因而，在支出增加，即 AE 曲线向上移动时，利率不发生变化，此时，实体经济的运作不会受到融资或货币的制约。当引入货币市场，并假定商品市场只受货币市场的约束，而不受要素市场约束进而价格水平不变时，AE-AI 模型便发展为 IS-LM 模型。因为假定 LM 曲线是既定实际货币供给下的货币供给等于货币需求的均衡线，所以，无论实体经济发生如何的变化，即无论 IS 曲线交于 LM 曲线的任何一点，货币供给量仍保持不变。IS-LM 模型的分析意味着货币供给是外生的，实体经济变动与收入增加导致的交易性货币需求上升是通过投机性货币需求的减少实现的，从而否定了企业向商业银行贷款取得资金进而内生地创造出货币的情形。

面对 1929—1933 年的大萧条，凯恩斯在《通论》中基于流动性陷阱的判断，认为运用货币政策治理萧条作用不大，一改在《货币论》中持有的货币供给内生的观点，认为货币供给是内生的还是外生的对于分析货币政策的作用并不重要。在整篇《通论》中未出现关于商业银行的论述，在探讨货币供给问题时，往往用"货币当局""货币制度"

笼统地加以概括。

也正是这个原因，在《通论》的基础上发展而来的 IS–LM 模型也同样基于货币供给外生，实际货币供给的增加进而 LM 曲线右移并不是由于经济主体内生性的货币创造，而是货币当局的外生控制，类似于货币从天而降，货币供给增加如果对实体经济有作用也是体现在可以降低利率从而刺激投资。具体到投资资金的来源，则认为是由现有货币持有者提供，而不是通过商业银行借贷将货币创造出来。相应地，凯恩斯的货币需求函数只体现了交易需求、预防需求及投机需求，并没有融资需求，这与凯恩斯认为的货币供给外生是一脉相承的。

凯恩斯对融资性货币需求的忽略导致了一些令人无法理解的经济分析。例如，结合 IS–LM 模型与 AD–AS 模型，当由于投资支出增加 IS 曲线右移进而 AD 曲线右移时，如果 AS 曲线向上倾斜，那么，这个右移将会伴随着价格水平的上涨，价格水平上涨就会使实际货币供给减少，LM 曲线左移，最后会得出国民收入增加、价格水平上涨、实际货币供给减少这种令人费解的结论。这一结论产生的原因是忽视了投资支出增加过程中的融资需求，如果投资资金来源于银行贷款，那么，由此产生的存款会纳入货币统计范围，使货币供给发生变化。也就是说，在一般情形下，投资增加导致国民收入变化的过程中，由于投资需要融资，很可能会经由间接融资使货币供给发生变化，因而货币数量不是恒定的。

再例如，在经典的货币乘数分析中，由于不考虑贷款的目的是融资，从而也很难理解，为什么在贷款利率高于存款利率的情形下，贷款者将贷款又存入银行。显然，贷款者贷款的目的不是为了获得存款篇论文中提出融资动机（Financing Motivation）的概念。凯恩斯指出，在企业家筹措资金的时候和实际进行投资的时刻之间，存在着一个空位期，在这个空位期，存在着对流动性的额外需求，但是却不存在着它的额外供应。这个"空位期"的货币需求就是货币的融资需求。这个"空位期"似乎是暂时的，但货币需求量特别大，在经济繁荣期更是如此。

在流动性偏好理论中加入融资性货币需求，意味着在存量货币中加入流量货币。在考虑融资性货币需求下，IS–LM 模型是不稳定的。因为，投资增加所需要的资金如果通过商业银行获得，将会创造出货币，使货币供给量增加，即 IS 曲线移动时，LM 曲线也会发生移动。一旦引入融资性货币需求，货币便具有资本性质，成为组织生产的手段，而不是简单的交易媒介或价值储藏。

后凯恩斯学派认为货币在短期和长期都是非中性的。一方面，货币创造使企业能够为投资融资，从而将投资意愿转变为有效的投资需求，带来实体产出和就业的增长。另一方面，货币产生的同时意味着债务的产生，其偿付与否会影响到货币体系乃至整个经济体系的稳定。戴维森（Davidson，1991）在论文《概率论与不确定性相关吗？》中指出融资性货币需求"提供了更为通用的理论，可以解释关于流动性需求的长期决策、投资决策、长期就业不足均衡的存在、货币长期非中性，以及凯恩斯强调的名义契约，尤其是货币工资契约的独特而重要的作用"。[①] 戈德利（Godley）和拉沃伊（Lavoie）依据前人的思想，构建出存量—流量一致模型（SFC），使货币联系到了经济存量与

---

① P.Davidson, "Is Probability Theory Relevant for Uncertainty? A Different Perspective", *The Journal of Economic Perspectives*, No.5, 1991.

流量的相互影响，进而深化了对货币非中性的认识。① 存量—流量一致模型是一个包括货币、金融市场和实体经济的整体系统，明确对经济主体的资产负债关系和现金流关系建模，建立递归动态联立方程组来刻画现实经济运行。存量—流量一致模型关注经济体系中各种比率的调整，如存货销售比率、准备金率、流动率等。在 2007 年美国次贷危机爆发之后，存量—流量一致模型受到了越来越多的关注，被认为弥补了动态随机一般均衡模型（DSGE）的若干缺陷。②

后凯恩斯货币理论目前虽然属于非主流的货币学说，但对于货币的本质及生成的认识更符合经济运行的现实，尤其关于"贷款决定存款"的观点以及存量—流量一致模型中反映的流量与存量的关系在一定程度上深化了对货币与实体经济之间联系机制的认识，进而对于深入理解货币化水平具有重要的借鉴价值。

第三节 货币供给内生与货币化水平的决定

一、货币供给内生

（一）货币创造与经济增长：投资决定储蓄

为了便于分析，假定间接融资模式下的投资过程涉及投资方、要

① W.Godley & M. Lavoie, *Monetary Economics:An Integrated Approach to Credit, Money, Income, Production and Wealth*, Palgrave MacMillan, 2007.

② 存量—流量一致模型的一个特点是非常注重会计核算一致性。会计核算一致性指的是存量—流量一致模型中核心变量的关系必须符合国民账户核算的准则。新古典宏观经济学认为总量会计恒等式在经济分析中有效信息较少，必须通过假设、建模和行为优化推理解释宏观经济运行的机制。而后凯恩斯学派认为分析现实经济问题时会计核算一致性是最基本前提，因为，确保会计核算正确经常是打击经济分析伪逻辑的最佳方式，严密的会计核算本身就可以得出一些有意义的经济结论，这主要来源于会计核算等式对整体模型施加了一些限制从而降低了模型的自由度。

素提供方以及商业银行这三个经济主体。在初始阶段，投资方获得商业银行的贷款，并将贷款存入账户中以购买生产要素，商业银行资产负债表中资金运用（贷款）和资金来源（存款）同时增加。在投资过程中，投资方支付生产要素费用，存款减少，而要素提供者的存款增加，但是商业银行的存款规模不变，当投资方的存款完全转移至要素提供方时，这意味着投资向储蓄转化完毕，要素提供方（储蓄方）的存款对投资方的贷款进而对投资所形成的资产具有索取权，商业银行起到了联系投资方与储蓄方权利关系的功能，货币（存款）是储蓄方的权利凭证，是反映权利关系的"借条"。

投资完成进入生产、销售阶段后，投资方将获取的收入偿还贷款，贷款余额减少，存款主体（储蓄方）也因购买产品使存款减少，商业银行的资产负债表收缩，这一过程也意味着融资模式从间接融资向直接融资转变，即投资所形成资产逐渐归为投资方所有。结合具体的经济实践，考虑到经济活动的动态特征，在投资总规模持续增加的情况下，新增贷款数量大于还款数量，商业银行的资产负债表会不断扩张，货币数量增加。因此，间接融资下货币创造过程体现了"贷款决定存款"的经济逻辑。

从以上过程可以得到如下启示：一是贷款创造存款，没有投资方的贷款，不会出现生产要素持有方最后的存款，这与储蓄方将存款通过商业银行提供给投资方的认识恰好相反。二是投资决定储蓄，正是投资方组织运用生产要素进行投资，才使得生产要素转化为资本品（储蓄），如果没有投资这一生产行为，也就不会产生储蓄。这意味着，从宏观角度看，没有投资也就不会形成资产，储蓄也就没有对应物。在现有相关研究中，很多文献往往将我国的高储蓄率作为自变量分析我国经济增速及平衡问题。但是，真正的经济运行是高投资率决定高储蓄率，而不是反向因果关系。当然，从存量角度看，现有的资产（储蓄）会对要素供给产生影响，进而影响投资规模或投资率。投资与储蓄的真正逻辑关系是：存量储蓄（资产）对投资具有影响，投资决定流量储蓄。三是存款（货币）是储蓄的权利凭证，生产要素持有方让渡生产要素取得货币，货币是让渡生产要素的权利凭证。与私人之间生产要素的借贷需要出具借条的本质一样，货币是通过商业银行形成借贷关系的"借条"。

依据货币供给内生，与投资决定储蓄相关的一个问题是，利率由投资需求与投资供给（储蓄）或资金供求决定同样存在逻辑上的错误。不是因为利率越高，货币持有者愿意借出的货币越多，而是现实中的投资回报率越高，投资意愿越强，投资者更愿意以更高的利率通过商业银行借入资金，从而把货币（供给）进而资产创造出来。同理，不是利率越高储蓄方越愿意提供储蓄，而是投资需求将生产要素转化为储蓄，相应地，生产要素提供方也就转化为储蓄方。因此，投资需求与资金需求是因，投资供给与资金供给是果，需求创造供给，而不是供给与需求经由利率调节达到均衡。由此可见，投资回报率是决定利率的根本性力量。

总之，无论初始阶段商业银行的资产负债表处于何种状态，只要商业银行满足放贷条件并愿意放贷，投资方通过银行贷款取得资金进行投资，一方面会创造出等量的存款；另一方面也会经由生产完成了投资向储蓄转化，实现存款主体转移，使储蓄方、投资方以银行为中介建立起存款、贷款、实物资本的依次索取关系，这一关系的建立意味着货币存量及实物资本的增加。因此，货币内生性创造真正体

移到商品的出售方，在此种情形下，货币存量不变时，价格水平也会上涨。在预期价格上涨时，无疑会增加货币转移的规模，也可能由于预期价格继续上涨，货币流通速度会加快，结果导致价格持续上涨，但是，货币存量在这一过程中并未发生变化。

进一步地，由于通货膨胀率是一篮子物品与劳务价格变化的加权平均，一方面，其数值的大小取决于商品与劳务的价格变化，这种变化决定于各自的供求关系；另一方面，依据传统的货币数量论，通货膨胀率又决定于货币数量，这就产生了逻辑上的不一致，因为影响供求关系的变量与货币数量显然不是同一个概念。① 因此，货币存量增加不一定伴随物价水平上涨，同理，物价水平上涨也不一定需要货币存量增加。也就是说，货币存量增加既不是物价水平上涨的充分条件，也不是必要条件。

由此可见，预期在价格水平变化中起到了至关重要的作用。预期可以使价格水平及货币存量发生变化，也可以不通过货币存量的变化直接作用于价格水平。因此，运用货币政策抑制价格水平上涨，大致经由两个路径：一是当投资者对未来的预期乐观，愿意以更高的价格购买生产要素时，在紧缩型货币政策下，不能从商业银行取得贷款，购买意愿不能实现，价格也就无从上涨；二是紧缩型货币政策往往伴随着利率上升，从而加大投资者从商业银行或资本市场取得资金的成本，抑制投资者的投资意愿及价格水平上涨。与此同时，也会改变现

---

① 在现实中，可以观察到货币数量与价格水平正相关，其原因在于：一是随着社会的进步，人们对商品购买意愿的加强会导致价格水平上涨，这个过程也往往会伴随货币数量的增加；二是一个经济体试图通过发行货币刺激经济，结果导致货币缺乏对应物，引发货币贬值。同理，如果股票、债券缺乏对应物，也会贬值，即其价格也会下降甚至归零，只是因为货币作为更为一般的交易媒介与价值尺度，其外部性更大或对经济的影响更广。

有货币持有者对未来价格水平上涨的预期，降低以高价格购买商品的意愿，抑制价格水平上涨。因此，紧缩型货币政策主要是通过改变购买意愿及购买能力作用于价格水平。

与以上情形相反，当经济运行中出现通货紧缩，刺激价格水平上涨同样是基于改变经济主体对未来价格的预期。如果不能改变预期，货币存量不会增加，因为在预期价格水平下降时，投资者对未来的投资收益是悲观的，即使可以以较低成本从商业银行获得贷款，但由于缺乏贷款意愿，货币也就不会被创造出来，从而价格水平也不会上涨。①

因此，经济主体的意愿（预期）和行为会导致货币存量与价格水平发生变化。货币存量与价格水平的因果关系，并非如费雪方程式所描述的情形，②进而不能基于货币供给外生，即直升机撒钱的模式分析货币与实物的交换比例。在直升机撒钱的模式下，货币供给增加会导致价格水平上涨，因为改变了货币与实物之间的比例关系。但在现实中，货币供给是内生于经济主体行为的。因此，如果理解了货币的生产功能及资产性质，很容易理解我国货币化水平较高且持续上升现象。由货币的融资功能导致的生产功能，使货币成为现实中资产的权利凭证，我国以间接融资模式为主，从而作为权利凭证的货币较多。同时，如果现实中的资产产出能力下降，则会导致既定的货币对应的

---

①　与凯恩斯基于"流动性陷阱"认为的当利率足够低时货币持有者为了保持流动性不愿意出让货币不同，在现实中，即使利率足够低，经济主体由于对于未来预期悲观，根本不愿意贷款进而创造货币。这也从另一个侧面揭示了货币供给外生与内生的差异。凯恩斯从货币供给外生的角度关注货币持有方的借出意愿，而货币供给内生则强调经济主体缺乏贷款意愿。本书认为，在现代信用货币制度条件下，货币当局降低利率也不能刺激投资增加的原因显然不是货币持有者不愿意出让货币从而使投资方得不到资金，而是经济主体不愿意投资从而不会贷款。

②　费雪在分析货币与实体经济的关系时，并未武断地得出货币是因、物价水平是果的结论，同样分析了反向因果关系，但是，费雪对于反向因果关系的分析并未引起后人足够的重视。

产出较少。这两方面的共同作用会使我国的货币化水平不但高于直接融资为主的国家，也会呈现上升的趋势，但与价格水平不必然形成因果关系。从这个角度看，解释货币化水平的关键在于在认识货币功能的基础上建立正确的货币需求函数，当认为货币需求源于交易时，往往会得出货币数量与物价水平的正向因果关系。[①]

从前文的分析可以看出，费雪、凯恩斯、费里德曼的货币需求函数都强调货币的交易功能，而忽视了货币的资产功能。在凯恩斯的《通论》中，凯恩斯一改在其《货币论》中主张货币内生的观点，转向了货币供给外生，缺乏对商业银行功能的论述。但是，在现代信用货币制度条件下，脱离商业银行根本无法理解广义货币如何形成。受凯恩斯的影响，在著名的 IS-LM 模型分析中，LM 曲线也是特定货币供给下的货币供给与货币需求相等的均衡线。但在现实中，当投资增加时，货币供给也会由于间接融资相应地发生变化，特定的货币供给也就无从成立。显然，这一分析范式由于没有考察"贷款决定存款""投资决定储蓄"，使宏观分析过程产生跳跃，进而导致宏观分析缺乏微观基础。弗里德曼虽然将资产纳入了货币需求函数，但同样不是基于"贷款决定存款""投资决定储蓄"这一逻辑，不是从货币与资产形成权利关系的角度理解货币需求。

---

① 货币创造的历史演进脉络是从私人信用货币过渡到政府信用货币，最后过渡到现有的银行信用货币，即作为货币主要构成部分的存款是贷款主体通过商业银行创造出来的，虽然货币供给是央行、商业银行与贷款主体共同作用的结果，但是，贷款主体与商业银行在货币创造中的作用更大。货币供给增加导致价格水平上涨是基于政府信用货币的情形，从世界金融史看，货币滥发导致通货膨胀的例子很多。但在银行信用货币条件下，由于货币或存款是贷款方创造与转移（当运用贷款取得的存款进行购买时）的结果，因而不能得出货币增加是原因、物价水平上涨是结果的结论，即使物价水平与货币供给具有双向因果关系，但价格是因、货币供给是果的因果关系更强。

一旦将货币视作是一种资产，与股票、债券没有本质差异时，那么这种货币需求的增加在为生产提供资金时（生产方的货币需求），也使资金需求方可以利用货币购买生产要素组织生产，并通过货币转移使货币成为要素出售方对现实资产拥有索取权的权利凭证（要素出售方或储蓄方的货币需求），从而货币增加是从事生产的结果，与物价水平之间并不存在因果关系。但是，投资者对未来的预期过于乐观，高估了资产的生产能力，如果未来收入不及预期，会导致过多的货币存量对应过少的产出，很可能会导致价格水平上升。因此，货币当局必须基于对现实经济运行状况的综合判断以及经济主体预期的深入洞察，在引导预期的基础上制定针对性的货币政策，使价格水平处于有利于经济持续健康稳定增长的状态。

总之，在信用货币制度条件下，货币主要反映债权债务关系，这种债权债务关系的规模主要取决于资产的规模及其融资结构。我国近年来货币存量持续增长并非基于央行过于宽松的货币政策，而是源于经济高速增长中资产规模的快速扩张，从而我国的货币供给是内生于实体经济的。一个隐含的结论是，由于货币反映的是债权债务关系，这种债权债务关系是否存在风险，则取决于货币所对应资产的产出效率。

二、货币化水平的理论模型

一般而言，投资所需的资金主要来源于直接融资与间接融资。在直接融资模式下，储蓄主体通过股权或以债券为代表的债权等形式体现对资本的索取权，而在间接融资模式下，则是银行存款→银行贷款→资本存量形成依次索取关系。因此，间接融资使部分货币存量具有资产性质，是一种债权凭证。基于这一逻辑货币需求函数可以简单表达为：

$$aM_2 = bK \qquad\qquad (1\text{-}4)$$

公式（1-4）中，M_2 代表货币存量，K 代表资本存量，系数 a 代表货币存量中用于资本形成的部分。a 值处于 0 与 1 之间，表明并非所有的货币存量都对应于国内资本，而是部分货币具有其他功能，比如流通中的现金与活期存款主要执行交易功能。也有部分货币通过商业银行及央行资产负债表中的银行存款（商业银行负债）→准备金缴纳（商业银行资产）→商业银行准备金（央行负债）→外汇储备（央行资产）→国外资本索取关系。① 还有一部分虽由商业银行贷出，但未形成社会意义上的真实资本，如住房按揭贷款等。b 代表间接融资比例，b 值同样处于 0 与 1 之间，表明资本存量的资金来源不只限于银行贷款，或对资本存量拥有索取权不只限于银行存款，还有股权以及以债券为主要形式的债权等。

需要说明的是，公式（1-4）只是对货币存量决定的一个粗略表述。与流动性假说的不同之处在于，该公式考察了货币存量在结构上的职能，即有些货币存量对应了现实中的资本，有些货币存量虽然是储蓄性资产，但不对应国内的资本存量，另外一些货币则承担交易功能。选取资本存量 K 作为影响货币存量的因素是基于以下考虑：第一，一般来说，直接融资或间接融资一般是指资本存量的资金来源结构，一些银行短期借贷无论在直接融资为主的国家还是间接融资为主的国家大致是相同的，某些经济主体在贷款的同时，另一些经济主体一般

---

① 如果外汇占款对应的是流通中的现金，则这一索取关系为：现金→货币发行（央行负债）→外汇占款（央行资产）→国外资产。

也在还款，资金处于一种周转状态，这类借贷产生的货币所占比例较小并且比值大致固定；第二，即使资本存量的形成并未通过银行贷款，而其他非核心资产是通过贷款资金取得的，也可以认为，这项贷款对应的是资本存量，因为资本存量是贷款抵押物的基本形式，从而这笔贷款所对应的存款（货币）最后是与资本存量建立索取关系；第三，从融资角度讲，资本存量是影响融资的核心因素，其他融资都会受资本存量规模大小的影响，进而与资本存量形成一定的对应关系，因此，资本存量与货币的对应关系，基本可以代表实体经济与货币的对应关系。在现实中，货币与实体经济的关系非常复杂，精确表达两者的关系显然不太可能，所以在研究两者关系时，更应强调内在逻辑，剔除一些次要因素的干扰。

将公式（1-4）两边同除以 GDP，则变为：

$$\frac{M_2}{GDP}=\frac{b}{a}\times\frac{K}{GDP} \qquad (1-5)$$

从公式（1-5）可以看出，$\frac{M_2}{GDP}$ 的大小取决于 a、b 及 $\frac{K}{GDP}$。a 的大小受总需求结构的影响，b 的大小取决于融资结构，$\frac{K}{GDP}$ 反映的则是投资效率。

本章描述了现代信用货币制度条件下央行与商业银行在货币创造中的作用，分析了货币创造、货币转移与货币消失的逻辑。为了进一步分析货币的本质，本章简要评价了费雪、凯恩斯、弗里德曼的货币供给外生论以及后凯恩斯主义的信用货币理论，指出信用货币制度条件下，货币更大程度上源于实体经济的内生性创造，就货币与实体经济的因果关系而言，实体经济对货币的作用更为强烈，从而贷款决定存款，货币需求决定货币供给。另外，本章结合融资，分析了投资决定储蓄的逻辑，依据货币是"借条"的基本判断，剖析了"通货膨胀何时何地都是货币现象"这一似是而非的观点，并进一步指出了货币数量导致通货膨胀的逻辑错误。最后，以货币的资产性质为切入点，构建了货币需求函数，并据此得出货币化水平决定的理论模型。

第二章　融资结构与货币化水平

间接融资以商业银行为主要中介，通过商业银行特有的货币创造功能，使存贷款主体建立债权债务关系，实现投资向储蓄转化。直接融资模式下，资金余缺双方直接通过资本市场完成货币转移，然后经过投资创造出新的储蓄，实现投资向储蓄转化。影子银行种类复杂，但是通过观测各类具体业务是否对商业银行的资产负债表产生影响，能够得出其是否作用于货币供给及货币化水平的结论。本章简述了我国融资结构的特征，并运用具体的例子结合货币创造、货币转移及货币消失分析了间接融资、直接融资以及影子银行这三种融资方式对货币化水平的影响机理。

第一节　我国融资结构的基本特征

一、融资结构的界定、特点及影响因素

（一）不同融资方式的界定及特点

融资方式可以划分为间接融资和直接融资。间接融资是指投资方与储蓄方以商业银行为中介实现资金的融通，双方并未建立起直接的关系，主要指银行贷款。直接融资是指以股票或者债券为凭证，资

金余缺双方通过证券市场实现资金与资产所有权、债权的互换，主要方式是发行股票和债券。最早提出间接融资与直接融资概念的是格利（Gurley）和肖（Shaw），他们指出，"间接融资"的定义是资金盈余者通过存款等形式将闲置资金提供给银行，再由银行贷款给资金短缺者的资金融通活动。[①] 而"直接融资"则是资金短缺者与资金盈余者之间直接协商，或在金融市场上资金盈余者购买资金短缺者发行的有价证券的资金融通活动。[②]

在国际上，往往用"市场主导型融资"与"银行主导型融资"来划分融资模式。这一划分和间接融资与直接融资的区别主要体现为，前者更强调从存量角度看待融资结构，后者则是从增量角度看待融资结构。但一般而言，两者具有内在对应关系，间接融资为主的国家往往采用的是银行主导型融资模式，而直接融资为主的国家往往采用的是市场主导型融资模式。由于受市场环境、政策的影响，增量角度的波动性要大于存量角度的波动性，而且数据可得性较差，不利于国际对比[③]，因此在国际上往往用存量指标划分融资模式。但在我国，无论在学术研究还是具体实务中，一般都用直接融资与间接融资这种增量角度的指标代表融资结构，因此本书继续采用这一划分方式。

进一步地，直接融资又可以分为一级市场和二级市场。前者又称发行市场，通过发行股票、债券把社会闲散资金转化为生产资本，既为发行人募集资金，又为资金盈余方提供投资场所；后者又称交易市

---

① 这一定义是通常的理解，在实际业务中，不是先有存款，然后通过银行将存款让渡给贷款方，而是"先有贷款，再有存款"，即贷款不是来自现有的存款，而是存款来自于贷款。

② J.G.Gurley.&E.S.Shaw, "Financial Aspects of Economic Development", *The American Economic Review,* Vol.9, No.9, 1955.

③ 祁斌等：《直接融资与间接融资的国际比较》，《新金融评论》2013年第6期。

场，是一级市场发行的有价证券流通交易的场所。一级市场与二级市场互相依存、互相制约，一级市场发行有价证券的数量与种类决定二级市场交易证券的规模和结构，二级市场的供求状况与价格水平也影响一级市场的发行情况。

直接融资具有以下特点：一是市场化程度高。直接融资的资金提供方会对相应企业的盈利状况、现金流状况等进行综合分析，然后按市场的原则提供资金。二是效率高。作为直接交易的双方，从各自追求自身财产的保值、增值和收益最大化的目的出发，来保证所筹集资金的高效率，同时供求双方联系紧密，可以引导资金的合理流动。三是筹集资金成本相对较低。直接融资避开银行等中介机构，资金供求双方直接进行融资，可以节约交易成本。四是可以分散系统性金融风险。直接融资的投资者直接面对融资者，风险只会在相关投资者中扩散，比较而言，间接融资对银行等金融中介机构有高度依赖性，一旦银行等中介机构破产，则会产生不可估量的影响。

间接融资具有以下特点：一是受政府的影响大。政府政策的变动会导致投资环境的变化，使间接融资行为受到不同程度的干预和管制。二是金融中介掌握融资主动权。在间接融资下资金集中在金融中介机构，债务债权关系能否创造出来取决于金融机构，从而使间接融资的主动权绝大部分掌握在金融机构手中。三是资金具有可逆性。间接融资通过金融机构进行融资，所进行的融资属于借贷型融资，到期必须归还，同时还要支付相应的利息，具有可逆性。

（二）融资结构的影响因素

一国的金融结构受很多因素的影响，主要包括经济发展水平、产业结构、法制环境、市场化程度等。正是由于各国在以上因素方面有所差异，融资结构也呈现出不同的形态。从趋势上看，随着经济的发展、产业结构升级、法治环境的完善以及市场化水平的推进，直接融资的占比越来越大，也就是说，金融资源的配置越来越多地经由资本市场，金融资源配置的市场化程度也越来越高。

首先，经济发展及产业结构升级是融资结构演变的拉力和推力。融资结构演变由供给（推力）与需求（拉力）两种力量共同决定。在经济发展相对落后、产业结构处于初级形态时，从事生产所需要的资金往往通过银行获得，这是由银行的业务特点决定的。银行只能向风险较低、具有抵押物以及收入流易于评估的投资项目发放贷款，而传统产业正符合这类项目的特点。但是，随着经济的发展及产业结构升级，一些高级产业或行业呈现风险较高、缺乏抵押物且不易评估未来收入流的特点，比如某些高科技产业的资产主要是技术、智力及其他无形资产等，这类资产不能成为抵押物且不易评估未来可获得的现金流。在这种情况下，银行对这些产业进行融资支持已不符合自身的业务要求，因而这类产业催生了对直接融资的需求，成为直接融资发展的拉动力量。此外，随着经济的发展，人均 GDP 达到一定程度后，人们的储蓄将增加，具有了参与资本市场投资的能力与意愿，从而成为直接融资发展的推动力量。

其次，法律制度的完善是融资结构演变的重要保障。一方面，直接融资中的股权融资具有不可偿还性，这要求必须加强对中小股东投资者的保护。当大股东可以任意侵害中小股东权益而不会得到惩罚时，这显然会降低中小投资者参与资本市场的意愿，也就不可能实现间接融资向直接融资的转变。另一方面，直接融资模式下，投资主体通过更为市场化的方式获取资金，然后经过投资活动创造出新的储蓄，实现投资向储蓄转化。资金需求方披露的信息越充分和客观，则投融资双方的信息就越对称，市场的范围就越广，市场的层次就越丰富，储蓄方与投资方匹配的效率也就越高。因而完善法治，加大监管力度，强化公司治理及信息披露是直接融资模式发展的基础。总之，直接融资模式对法律制度的完善及细化具有更高的要求。

最后，经济市场化程度与直接融资比重密切相关。市场化程度越高，市场的范围越广，资金需求和资金供给能够实现有效匹配的可能性就会越大。资本市场配置金融资源的市场化程度较银行体系更高，而经济市场化程度与分工密切相关。亚当·斯密在他于1776年出版的《国民财富的性质和原因的研究》一书中就曾专门探讨分工与市场范围的关系。他明确指出："分工受市场范围的限制。"[1]市场化程度越高，分工就会越细，资金融入方与资金融出方的类型就会越多，进而更需要资本市场实现投融资双方的有效匹配。反过来说，资本市场越发达，就越能满足投融资双方的有效匹配，从而促进分工，使市场化程度更高。另外，市场化程度越高，分工越细致，专业性投资机构的出现会提高资本市场的运作水平与效率。因而，经济市场化程度与资本市场发展或直接融资比重上升相互影响、相互促进。

二、我国融资结构的状况

（一）我国总体融资状况

融资结构的演变是多因素共同作用的结果。一般而言，在经济发展早期，间接融资凭借其受政府影响大、能够快速调动大量资金的

---

① ［英］亚当·斯密：《国民财富的性质和原因的研究》，郭大力、王亚南译，商务印书馆1972年版，第16页。

特点，较好地弥补了不成熟金融市场的缺陷，对经济发展具有促进作用。随着产权制度的完善和相关法律法规体系的健全，资本市场的重要性逐渐显露，股票市场与债券市场得以建立并不断发展。

表 2-1 显示的是我国 2002—2022 年社会融资规模增量及其主要构成情况。从时间上分析，我国社会融资规模总量上呈现出上升趋势，21 年间增加了 15.92 倍。从构成上来看，人民币贷款比例呈现下降的趋势，由 2002 年 91.86% 的占比下降到 2022 年的 65.34%，而股票融资、企业债券融资则呈现出上升的趋势，直接融资逐渐显示出重要地位。总体而言，以人民币贷款为主的间接融资方式仍然占据社会融资规模的主要地位，历年占比均在 50% 以上。

表 2-1　2002—2022 年社会融资规模增量及其构成

单位：亿元，%

年份	社会融资规模	人民币贷款	外币贷款（折合人民币）	委托贷款	信托贷款	未贴现银行承兑汇票	企业债券	非金融企业境内股票融资	人民币贷款占比
2002	20112	18475	731	175	—	-695	367	628	92
2003	34113	27652	2285	601		2010	499	559	81
2004	28629	22673	1381	3118		-290	467	673	79
2005	30008	23544	1415	1961		24	2010	339	78
2006	42696	31523	1459	2695	825	1500	2310	1536	74
2007	59663	36323	3864	3371	1702	6701	2284	4333	61
2008	69802	49041	1947	4262	3144	1064	5523	3324	70
2009	139104	95942	9265	6780	4364	4606	12367	3350	69
2010	140191	79451	4855	8748	3865	23346	11063	5786	57
2011	128286	74715	5712	12962	2034	10271	13658	4377	58

续表

年份	社会融资规模	人民币贷款	外币贷款（折合人民币）	委托贷款	信托贷款	未贴现银行承兑汇票	企业债券	非金融企业境内股票融资	人民币贷款占比
2012	157631	82038	9136	12838	12845	10499	22551	2508	52
2013	173169	88916	5848	25466	18404	7756	18111	2219	51
2014	158761	97452	1235	21740	5174	−1198	24329	4350	61
2015	154063	112693	−6427	15911	434	−10567	29388	7590	73
2016	178159	124372	−5640	21854	8593	−19514	30025	12416	70
2017	194445	138432	18	7770	22555	5364	4421	8759	71
2018	192584	156710	−4203	−16065	−6901	−6344	24755	3606	81
2019	256735	168834	−1274	−9396	−3467	−4755	33385	3478	66
2020	347918	200309	1449	−3954	−11019	1747	43749	8924	56
2021	313408	199404	1714	−1696	−20073	−4917	32865	12133	64
2022	320099	209147	−5254	3580	−6003	−3412	20509	11758	65

资料来源：国家统计局网站 http://data.stats.gov.cn.

（二）我国间接融资的结构分析

如表 2-2 所示，2019 年和 2020 年金融机构本外币贷款的行业流向前三名与末三名并未发生变化，贷款最多流向于制造业，交通运输、仓储和邮政业以及租赁和商务服务业，三类行业贷款余额占比总和在 2019 年与 2020 年分别达到了 27.01% 与 27.48%。而极少的资金流向科学研究和技术服务业，文化、体育和娱乐业和居民服务、修理和其他服务业，这三类行业的贷款余额占比在 2019 年与 2020 年仅为 0.64% 与 0.74%。可以看出，我国的贷款多流向支柱性产业和基础性产业，而对于新兴产业的支持力度较小。银行的业务特点难以支持创新型企业的发展，这也是间接融资的一个弊端。

表 2-2　2019—2020 年金融机构本外币贷款的行业流向前三名与末三名

单位：亿元，%

行业	2020 年		2019 年	
	贷款余额	占比	贷款余额	占比
制造业	167851.88	9.66	154026.29	9.99
交通运输、仓储和邮政业	155593.30	8.96	135858.15	8.81
租赁和商务服务业	153820.80	8.86	126876.44	8.21
科学研究和技术服务业	5546.39	0.32	3566.27	0.23
文化、体育和娱乐业	4895.12	0.28	4231.62	0.27
居民服务、修理和其他服务业	2484.72	0.14	2221.64	0.14
贷款总计	1736706.34	100.00	1541377.36	100

资料来源：《中国金融年鉴（2019—2020）》。

（三）我国直接融资的结构分析

1. 股权融资的规模及结构

我国的直接融资是从 1978 年以后开始的，1993 年进入初步发展阶段，在 1999 年以后正式步入正轨。自 1990 年股市成立，我国 A 股市场股权融资规模总体上快速发展，1991 年到 2022 年，募集资金由 5.84 亿元到 16881.88 亿元，增长幅度为 2890 倍。同时，总的募集家数也在上升。股权融资通过 IPO、增发、配股、优先股、可转债、可交换债等方式进行，以前三者为主要形式，表 2-3 显示了股权融资中的 IPO、增发、配股三种主要方式的规模。比较不同的股权融资方式，我国企业对公开发行股票的意愿十分强烈，从 1991 年到 2007 年，IPO 规模在我国 A 股市场股权融资规模中占主要地位。1992 年，企业再融资规模开始逐渐发展，1992—1997 年主要以配股融资为主，1998 年增发融资得到了发展,随着增发规模的逐年增长,在 2008 年,增发规模超过 IPO 规模,成为股权融资的主要来源。总体来看,目前我国股权融资形成了以增发融资为主,配股融资、IPO 融资、可转债为辅的融资模式。

表 2-3 1991—2022 年我国 A 股市场股权融资规模

单位:亿元,家

年份	募集金额		IPO 统计		增发统计		配股统计	
	募集家数	募集资金	首发家数	首发资金	增发家数	增发募集资金	配股家数	配股募集资金
1991	9	5.84	9	5.836	—	—	—	—
1992	36	32.52	33	24.467	—	—	2	3.05
1993	160	246.65	102	176.413	—	—	58	70.237
1994	89	95.62	35	49.082	—	—	54	46.54
1995	75	71.79	10	18.967	—	—	65	52.823
1996	197	277.33	157	206.009	—	—	40	71.319
1997	280	841.69	176	596.369	—	—	104	245.321
1998	244	726.32	97	361.869	2	13.6	143	347.35
1999	202	742.66	87	457.12	2	18.735	113	266.801
2000	310	1449.3	135	797.551	12	109.852	161	513.4
2001	179	1074.75	67	563.182	17	165.776	95	345.795
2002	109	708.83	66	498.038	20	122.717	19	49.778
2003	119	786.29	66	453.508	15	108.292	23	58.988
2004	140	721.53	97	342.461	10	68.364	21	101.671
2005	20	325.15	14	52.731	4	269.8	2	2.62
2006	127	2193.76	70	1642.564	50	528.106	2	4.319
2007	313	8223.26	118	4469.964	177	3407.069	8	239.749
2008	220	3399.49	76	1034.38	131	2148.409	8	139.496
2009	254	4761.63	110	1882.966	128	2726.04	10	105.969

年份	募集金额		IPO 统计		增发统计		配股统计	
	募集家数	募集资金	首发家数	首发资金	增发家数	增发募集资金	配股家数	配股募集资金
2010	541	10569.48	348	4885.14	170	3513.428	19	1452.921
2011	478	7195.89	281	2705.281	181	3753.618	13	323.796
2012	323	4955.79	149	995.047	162	3726.764	7	70.424
2013	307	4514.93	0	0.000	286	3510.335	12	457.222
2014	648	9031.15	125	668.889	486	6812.145	14	139.365
2015	1120	17751.69	220	1578.287	857	13723.105	5	40.942
2016	1145	22421.74	248	1633.559	796	18083.862	11	298.513
2017	1065	16095.15	419	2186.095	511	10196.753	10	202.50020
2018	474	10827.72	103	1374.811	261	7852.829	12	188.779
2019	638	15413.54	203	2532.480	251	6887.698	9	615.262
2020	1068	16763.96	434	4792.935	361	8335.484	18	493.352
2021	1211	18177.41	524	5426.434	519	9082.254	7	512.968
2022	983	16881.88	428	5868.856	355	7229.238	9	133.876

资料来源：Wind 数据库（按发行日统计）。

2. 债券融资的规模及结构

相比于股权融资，我国债券市场虽然早期落后，但是发展迅速，如表2-4所示，债券净融资规模整体呈波动上升趋势，由1991年的197.42亿元扩大至2022年的11.06万亿元，其中2020年规模最大，达到17.25万亿元。我国债券市场规模快速发展的同时，也表现出融资方式日益丰富的特点。1991年债券发行仅有国债一种债券融资方式，但随着时间的推移，除国债外，金融债、公司信用债、资产支持证券等债券融资方式相继出现并且对债券净融资规模的影响也在逐渐扩大，这有利于更好地发挥金融对于实体经济的支持作用。

表2-4　1991—2022年我国债券净融资规模

单位：亿元

年份	债券净融资规模	债券种类					
		国债	地方政府债	金融债	公司信用债	资产支持证券	同业存单
1991	197.42	197.42	——	——	——	——	——
1992	101.55	96.55	——	——	——	——	——
1993	382.40	382.40	——	——	——	——	——
1994	1027.99	844.99	—	182.00	1.00	——	——
1995	1891.93	1049.44	——	842.60	0.00	——	——
1996	3327.04	1236.04	——	2082.00	9.00	——	——
1997	3931.07	935.05	——	2813.50	28.60	——	——
1998	6606.62	4760.43	——	1707.33	98.04	——	——
1999	4217.75	2770.47	——	1279.00	119.28	——	——
2000	3973.18	3067.60	——	935.30	60.70	——	——
2001	3933.94	2789.12	——	1051.70	83.44	——	——
2002	6677.19	3321.75	——	1588.50	252.94	——	——
2003	11562.83	5292.27	——	3446.37	360.00	——	——
2004	12566.03	3612.27	——	2304.97	246.20	——	——
2005	19065.90	3090.70	——	3536.27	1946.00	130.74	—
2006	18988.99	2315.57	——	4052.24	1862.10	177.93	—
2007	31684.72	16932.84	——	7635.67	1688.85	65.39	—
2008	26833.25	1182.21	——	7781.64	4606.90	120.50	—
2009	24034.41	6733.55	2000.00	9132.69	11219.72	−278.74	—
2010	25744.19	7026.67	2000.00	7423.28	10341.55	−129.43	—
2011	17468.91	4185.13	2000.00	15260.60	12342.32	−25.56	—
2012	38718.87	5149.29	500.00	17891.92	21259.93	257.41	—

续表

年份	债券净融资规模	债券种类					
		国债	地方政府债	金融债	公司信用债	资产支持证券	同业存单
2013	37396.37	9165.50	2116.00	13269.09	16652.26	124.47	340.00
2014	60373.87	8867.88	3007.50	16888.46	23258.10	2666.61	5665.30
2015	126596.49	10699.72	36636.62	20934.19	28857.56	3451.32	24341.80
2016	157817.88	13150.18	58021.68	21049.52	30291.00	4535.21	32754.70
2017	106048.17	14734.33	41166.44	20688.06	−32.07	8528.05	17094.20
2018	109942.54	14462.90	33262.30	19304.88	14016.00	7314.68	18961.10
2019	115013.02	17546.97	30472.40	25712.54	19759.09	9216.91	8297.39
2020	172545.30	40353.31	43681.17	41838.16	30058.05	9289.97	4218.91
2021	162751.98	23282.67	48141.65	34733.85	19272.75	5228.33	27756.70
2022	110577.23	25747.58	45797.63	32138.76	9983.90	−7792.35	2134.50

资料来源：Wind 数据库。

3. 融资地域分布

图 2–1 显示的是不同区域的融资状况。从 1991 年初到 2022 年末，北京市、广东省、上海市、浙江省和江苏省这五个省市在沪深一级市场的融资额占比较高，且均超过了 10000 亿元。其中，北京市融资总额为 39342.64 亿元，广东省融资总额为 25141.89 亿元，上海市融资总额为 21247.63 亿元，浙江省融资总额为 16592.91 亿元，江苏省融资总额为 15539.37 亿元，这五个省、直辖市在沪深一级市场的融资额占全部融资额的比例超过了 60%，其他的 26 个省（自治区、直辖市）占比不足 40%。这说明我国一级市场融资情况的地域分布十分不均等，这种区域差异会对区域间的投资均衡及实现区域经济的平衡发展产生非常负面的影响。

（单位：亿元）

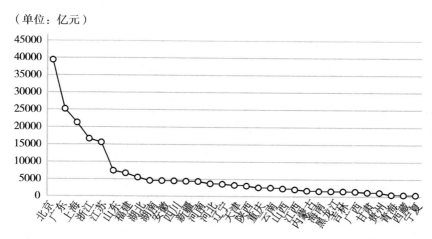

图 2-1　我国各省（自治区、直辖市）在沪深一级市场融资总额
资料来源：Wind 数据库，时间跨度为 1991 年 1 月 1 日—2022 年 12 月 31 日。

4. 多层次资本市场的融资情况

我国多层次资本市场的融资情况，如表 2-5 所示，沪深两市（包含主板、创业板和中小企业板）的上市公司数和总股本以及新三板的挂牌家数和总股本总体上都呈现出上升的趋势。具体分析可以发现，新三板的挂牌家数和总股本增长迅速。从 2006 年到 2022 年，新三板挂牌家数由 10 个上升到 6580 个，总股本由 5 亿股上升到 4509 亿股。但需要注意的是，2018 年以来，无论是挂牌家数还是总股本都呈现下降的趋势，新三板主要针对中小微型企业，吸纳了众多的创新型企业，扩宽了中小民营企业的直接融资渠道，在一定程度上有助于缓解中小微企业融资难、融资贵的难题。

表 2-5　2006—2022 年沪深两市与新三板融资情况

单位：个，亿股，%

市场	沪深两市			新三板			
年份	上市公司数	总股本	总股本增速	年份	挂牌家数	总股本	总股本增速
2006	1434	14847.462	—	2006	10	5	—

续表

市场	沪深两市			新三板		
年份	上市公司数	总股本	总股本增速	年份	挂牌家数	总股本	总股本增速
2007	1550	22312.417	50.28	2007	24	11	115.72
2008	1625	24378.224	9.26	2008	41	18	59.96
2009	1718	26207.327	7.50	2009	59	23	25.05
2010	2063	33281.668	27.00	2010	74	27	14.64
2011	2342	36194.879	8.75	2011	97	33	20.44
2012	2494	38487.682	6.33	2012	200	55	69.71
2013	2489	40662.426	5.65	2013	356	97	75.76
2014	2613	43931.081	8.04	2014	1572	658	577.76
2015	2817	50092.961	14.03	2015	5129	2960	349.55
2016	3052	55984.090	11.76	2016	10163	5852	97.71
2017	3485	61100.470	9.14	2017	11630	6757	15.46
2018	3584	65130.748	6.60	2018	10691	6325	−6.39
2019	3777	69760.455	7.11	2019	8953	5616	−11.20
2020	4195	73763.386	5.74	2020	8187	5335	−5.00
2021	4697	79244.296	7.43	2021	6932	4616	−13.83
2022	5079	82675.541	4.32	2022	6580	4509	−1.91

资料来源：Wind 数据库。

　　总之，伴随着我国的经济发展及社会进步，股票市场和债券市场不断壮大，越来越多的企业进入资本市场进行直接融资，直接投资规模不断扩张。直接融资的发展可以弥补间接融资的不足，有助于发挥金融服务实体经济的作用，也会丰富金融市场的层次，降低市场的系统性风险。但是，从目前来看，间接融资仍占据主要地位，人民币贷款规模占社会融资规模的比重在 70% 左右，远远超出英美国家 30% 的水平，这表明我国直接融资规模相对偏低，以间接融资为主、直接融资为辅的融资结构仍然没有发生根本性改变。

第二节　直接融资与间接融资对货币化水平的影响

一、融资结构与货币供给

（一）间接融资与货币供给

根据我国现有的货币统计口径，货币存量 M_2 包括流通中的现金 M_0 以及各项存款，M_0 由中央银行印发，各项存款会受到商业银行货币创造的影响，由于现金在货币供给中的占比较小，货币供给的内生性使商业银行在货币创造中具有重要作用。

银行贷款行为本身是一个复式记账法的自身平衡行为，当银行向客户贷款时，客户在银行的存款额相应增加。以投资需要融资为例，间接融资模式下的投资过程涉及投资方、要素提供者以及商业银行三个经济主体。在初始阶段，投资方获得商业银行的贷款，将贷款存入账户中以购买生产要素，商业银行资产负债表中资金运用（贷款）和资金来源（存款）同时增加。在投资过程中，投资方支付生产要素费用，存款减少，而要素提供者的存款增加，但是商业银行的存款规模不变。投资完成进入生产、销售阶段后，投资方将获取的收入偿还贷款，贷款余额减少，存款主体也因购买产品使存款减少，商业银行的资产负债表缩小。以上三个阶段显示了货币创造、货币转移、货币消失的整个过程。

这一过程可以用一个简化的例子予以说明。在初始阶段，假定商业银行有超额准备金，同时也满足其他放贷条件，从而可以发放贷款。甲是投资方，从银行获得贷款，然后将款项存入银行以购买投资所需的各类生产要素。在投资阶段，甲支付要素费用给要素提供方乙，伴随着甲的存款减少，乙的存款增加，总存款规模保持不变，当投资结束时，存款全部转移至乙的账户。此时的情形为：乙是存款人（储蓄方）、甲是贷款人（投资方）并拥有资本。经济逻辑关系为：甲的资本是借的乙的，只不过这一借贷通过商业银行，从而出现了相应的贷款与存款。

对以上过程进行分析可知没有甲的贷款行为，相应的存款不会产生进而转移。从微观角度看，甲购买生产要素的投资行为导致乙出现储蓄，储蓄的表现形式为乙的存款。从宏观角度看，生产要素转化为资本，社会资本的增加即为社会意义上的储蓄增加。乙的存款是乙将要素经由商业银行让渡给甲的凭证，即存款的实质就是"借条"，从而在间接融资情形下货币起到了"借条"的作用。一旦甲进入生产创造利润阶段，乙动用存款购买甲生产的产品，甲用利润支付贷款的本金和利息，当贷款归还完毕时，乙的存款也会由于购买行为而消失，商业银行的资产负债表收缩至初始状态，甲为建造工厂贷款而派生的存款（货币）消失。此时的融资结构变为直接融资，即甲建造工厂的资金来源全部为自有资金，等同于股权融资，没有归还完毕的中间情形也是如此，只要进行还款，存款就会随之收缩，属于间接融资向直接融资的边际转变。在具体的经济实践中，从宏观角度考察，由于投资规模持续扩大，新增贷款额超过归还的贷款额，表现为货币存量持续增加。

显然，从这个例子也可以看出，无论初始阶段的商业银行资产负债表处于何种状态，只要商业银行满足放贷条件，甲通过银行贷款取得资金进行投资，一方面会创造出等量的存款，另一方面也经由生产过程完成了投资向储蓄转化，实现存款主体转移，使储蓄方、投资方以银行为中介建立起存款→贷款→实物资本的依次索取关系，这一关系的建立意味着货币供给的扩张。

（二）直接融资与货币供给

在一级市场，企业通过发行股票或债券等有价证券募集资金。在认购阶段，资金从存款人账户流入发行人的账户中，并没有在商业银行资产负债表中创造出新的存款，即没有产生增量货币，只是存款主体发生改变，认购人通过让渡存款所有权获取有价证券，拥有了发行方资产的股权或债权凭证；在投入生产阶段，发行人购买生产要素，资金从发行人账户流入要素提供方的账户中，依旧是存款主体的转移，不改变货币供给规模；在投入完成后，对所形成资本拥有索取权的实际上是股票、债券持有人。股票、债券的转让以及债券到期偿还，都属于货币转移，不涉及货币创造，因此无论是一级发行市场还是二级流通市场，都不会对货币供给产生影响。

以上过程可以用一个例子予以说明。在融资阶段，假定乙是通过发行股票获取投资资金建造工厂，此时只有甲有存款，如果甲愿意用存款购买乙发行的股票，在这一过程中，甲通过让渡存款获得对工厂的所有权，存款主体将变为乙。显然，乙存款的目的不是为了获取利息收入而是用于购买投资所需的生产要素。假定丙是要素的出售者，那么，随着要素的购买，乙的存款转移至丙。最后的情形是：丙持有存款，对商业银行原有的资产运用形成索取关系，甲持有股票，对乙的工厂形成索取关系。在这一种程中，存款主体由甲变为丙，存款数量进而货币存量并没有发生变化，且商业银行的资产运用也未发生变化。具体过程如图 2-2 所示。

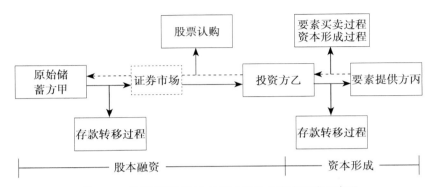

图2-2　直接融资过程中的资金流动与资本形成示意图
注：实线表示资金流动，虚线表示要素所有权流动。

（三）对间接融资与直接融资的进一步分析

通过以上分析可以看出，相同的投资或国民生产总值的创造，在间接融资的情形下会导致货币存量的增加，而在直接融资下并未导致货币存量的增加，只是存款主体发生转移。因此，同直接融资模式相比，在间接融资模式下，货币化水平较高，这一结论也得到了国际经验的支持。从国际范围看，以间接融资为主的国家，货币化水平也相对较高，以直接融资为主的国家，货币化水平相对较低。这表明，融资结构或融资模式的差异可以较好地解释为何不同的经济体货币化水平差异较大，即具有横向对比的功能。但是，如果融资结构比较稳定，货币化水平在纵向上发生变化，则需要结合其他因素进行分析。总之，直接融资模式下，经济主体是以股票或债券等凭证代表对现实中资产的权利，间接融资模式下，经济主体是以银行存款（货币）代表对现实中资产的权利，正是这种权利凭证的差异，使货币存量进而货币化水平有所不同。

在间接融资模式下，只要银行肯发放贷款满足投资主体的资金需求，投资主体就可以运用取得的贷款购买生产要素完成投资，相应地，生产要素出售方也因此获得相应的存款。考察这一过程可以发现，银行主导资源配置的实质是投资决定储蓄、贷款决定存款，货币便是储蓄方对所形成的资本拥有索取权的凭证。这一过程能够顺利实现的关键是投资主体的投资意愿以及银行的放贷意愿，这在政府主导经济发展及以国有银行为主导的金融体系下很容易实现。从这个意义上讲，我国过去特定的间接融资模式就实现投资而言更为"直接"，也更有利于促进经济高速增长。但随着时间的推移，银行主导的资源配置模式导致的货币经济与实体经济以及实体经济内部结构的双重失衡、生态环境恶化等弊端日益显现。同时，银行主导的间接融资模式难以为高新技术产业提供资金支持，从而不能有效推进经济高质量发展。因此，必须通过融资模式转变对现存问题予以矫正，并以此促进经济增长模式转变及高质量发展。

在直接融资模式下，投资主体要取得投资所需要的资金，其投资项目必须得到储蓄主体的认可，即案例中提到的甲有购买股票的"意愿"。所以，直接融资是更为市场化的选择，是持有资金的储蓄方对需要资金的投资方市场选择的结果。也就是说，在直接融资模式下，一项具体投资是否能够获得资金并最终实现必须经由各储蓄主体的"市场检验"，而不是间接融资模式下银行的"权威检验"。因此，尽管名义上称为直接融资，但就实现投资而言则更为"间接"，即在直接融资模式下，实现投资的难度更大，接受的市场检验更为严格，在逻辑上及实践中投资的效率也会更高。

值得注意的是，商业银行认购非银行类公司债券和股票，也会影响其资产负债表，银行资产端的证券投资资产增加，负债端存款增加，导致货币扩张。① 假设商业银行买入 100 元乙的股票，那么商业银行的资产负债表的负债端同样会增加 100 元乙的存款。

以前例分析的逻辑，如果乙用存款购买丙的生产要素，最终索取关系为：丙的存款→商业银行的股票→乙的资产。与通过贷款的方式获取资金相比，乙通过向商业银行发行股票获取资金，对货币存量的影响是相同的，也属于间接融资，只是在这种情形下，商业银行的资产运用科目由"贷款"变为"股票"，真正的索取关系并未发生变化。

（四）二级市场对货币供给的影响

凯恩斯将货币需求② 分为交易性需求、预防性需求和投机性需求三类，前两种货币需求与收入水平有关，投机性货币需求与利率变化有关。凯恩斯认为，投机性货币需求是指经济主体为了以较低价格购买证券而持有的货币。如果利率水平较高，证券价格较低，预期证券价格将上涨，经济主体将大量购买证券，货币的投机性需求将变少；反之，当利率水平较低，证券价格较高，经济主体预期证券价格将下跌，因而大量抛售证券，持有货币，以等待证券价格下跌时买入证券，在未来证券价格上涨时获取价差。这种持币行为是"投机性"的，即持有货币的目的是等待时机买入低价格的证券。当利率下跌至一个非常低的水平，即证券价格非常高时，为了避免损失，经济主体将有价证券全部卖出以持有货币，投机性货币需求的利率弹性无穷大，这

---

① 商业银行资产负债表扩张、创造货币主要通过向非银主体发放贷款、购买外汇与黄金、购买证券资产等渠道，随着金融创新的发展，也会通过同业机构间接发放贷款等。本章的重点在于比较间接融资与直接融资对货币化水平的影响，因此重点关注贷款、购买证券资产以及影子银行业务这三种渠道。

② 货币需求与货币供给是从不同角度看待货币存量，从持有者角度看是货币需求，从社会角度看是货币供给。

种情形被凯恩斯称为"流动性陷阱"。

凯恩斯基于收入资本化原理，认为利率与证券价格反向变动，并进一步指出经济主体的投机性货币需求和证券持有量之间存在替代关系。但是，探讨货币需求与证券持有量之间的关系必须首先明确利率如何决定。与凯恩斯以"流动性偏好"为基础分析利率的决定不同，[①]费雪（Fisher）在《利息理论》中讨论利率的特殊情形时，假设一群船员由于沉船逃到一个荒岛上，他们知道没有获救生还的希望，荒岛上也不生产任何食物，他们的生存唯一依赖于每人所带的不会腐烂的硬面包。在此种情形下，以硬面包表示的利率必定等于零。如果利率大于零，则没有船员会借入硬面包，因为将来要归还更多的硬面包。如果利率小于零，则没有船员借出硬面包，因为将来得到更少的硬面包。因此，硬面包的借贷利率只能为零，但船员之间并没有借贷，只是消费自己随身所带的硬面包。利率为零的原因是荒岛上的生产力为零。

显然，在落难之前，船员之间的借贷利率大于零，因为他们预期将来有更多的收入，一旦发现将来没有更多的收入，船员原来的主观倾向也会发生改变。这个例子充分说明了利率由生产力决定，人们在主观上的时间偏好会随着生产力的变化而变化，即主观决定于客观。

同理，如果这些船员随身所带的是易于腐烂的无花果，例如，今

[①]　凯恩斯认为利息是放弃流动性的报酬。这一利率决定论的错误主要在于两个方面：一是假定货币供给外生，资金供给方为资金需求方提供资金，但是，根据货币供给内生，是贷款创造存款，即资金需求创造出资金供给；二是即使资金供给方为资金需求方提供资金，凯恩斯基于流动性偏好的利率决定论只表明了资金供给方放弃货币需要得到利息，但并没有进一步分析资金需求方愿意付出利息的原因。

天的五个无花果明天会腐烂一个变成四个，那么，荒岛上的借贷利率必然是 –20%，如果大于 –20% 则没有船员借入，因为今天借入五个，明天归还的数量会大于四个；如果利率小于 –20%，则没有船员借出，因为借出五个，明天得到的数量小于四个。同硬面包的情形一样，荒岛上同样没有借贷，船员们还是自己吃自己的无花果。无花果的借贷利率之所以为 –20%，正是因为无花果的生产力是 –20%。①

从硬面包与无花果的例子可以看出，在严格的假定及逻辑下，资本的生产力是利率水平的决定因素，经济主体对利率高低的主观判断也会随生产力或回报率的变化而加以调整。从经济实践看，资本的生产力或回报率较高的国家，利率一般也会较高。②

与关于利率的生产力决定论相对应，证券价格与利率反向变化的结论将不能成立。从微观角度考虑，由于利率对于企业而言是外生变量，依据收入资本化原理，如果未来的收入流不变，利率下降显然会使企业的价值上升，股票价格相应上涨。但在宏观分析中，利率是内生的，在分析利率下降对证券价格影响时，利率与收入不是相互独立的两个变量，利率下降是收入或回报率下降的结果，因此，不能根据利率的变化判断整体股市的变化趋势。

近年来，我国市场利率水平，包括货币市场利率、债券市场利率和贷款利率的各类利率都呈下行趋势，但是，我国的股市并未表现出与之相反的变化趋势，进一步证实了在宏观上利率下降并不能促进整

---

① ［美］欧文·费雪：《利息理论》，陈彪如译，上海人民出版社 1999 年版，第 145—150 页。

② 依据硬面包及无花果的例子，可以将贷款创造存款的逻辑延伸到贷款利率决定存款利率，整个逻辑链条为：资本的生产力决定贷款利率，贷款利率决定存款利率。

体的股票价格上涨，也说明凯恩斯关于投机性货币需求与利率之间关系的分析存在微宏不分的逻辑缺陷。

另外，从宏观角度考察，卖方出售证券货币增加，买方减少货币证券增加，证券和货币的持有主体发生变化，货币与证券各自的数量不会发生变化，两者之间不存在替代效应。因此，也不可能存在凯恩斯所描述的投机性货币需求随着利率提高（降低）而减少（增加）的情形，买卖是对应的，投机性货币需求只是在不同所有者之间发生转移而不是增加或减少。凯恩斯所指的三种货币需求都可归结为交易性货币需求，只是投机性货币需求的待交易对象是证券。由此可见，二级市场的证券交易是货币转移而不是货币创造，不会影响货币存量。

证券的交易过程对货币存量的影响可以用一个简单的例子加以说明。假定某一时点的初始状态是，甲持有市值为 40 元的股票，乙持有 100 元银行存款，此时社会上货币存量 M_2 为 100 元。假定二级市场上股价第一轮上涨至 60 元时，乙愿意用其存款购买甲持有的股票，甲卖出股票，其银行存款增加至 60 元，乙买进股票，其银行存款减少至 40 元。此时的情形是甲持有 60 元银行存款，乙持有 40 元银行存款和市价 60 元的股票。此项交易，乙方银行存款的减少对应甲方银行存款的增加，货币存量保持不变，仍旧是 100 元，只是货币持有主体发生了变化。当股价再次上涨时，股票买方的货币减少对应股票卖方的货币增加，货币存量同样保持不变。在现实中，股价上涨使人们感觉货币变多的原因是，当股价上涨时，股票出售方的存款较购买股票前增加。相应地，股票购买方由于股票的市值高于因购买股票而减少的存款数量，也感觉到财富增加，但这一增加是账面价值增加，并没有"兑现"，即并没有使货币存量真正增加。

与此对应，假定甲持有股票的市值从 40 元跌至 20 元，而乙判定股价已到谷底，愿意用其存款购买甲持有的股票，则最后的状态是甲持有 20 元银行存款，乙持有 80 元银行存款和市价 20 元的股票，总的货币存量依旧不变，即使股票价格继续下跌至 10 元，也不会影响到货币存量，只是甲乙双方都感觉到遭受损失。也就是说，在现实中，股票购买方的股票价值小于因购买股票而减少的存款数量，会感觉到财富减少，但这一减少是账面的减少，同样因为没有"兑现"，并没有导致货币供给减少。

另外，股票价格下跌也不会使货币蒸发，因为股票交易过程中的价格变化并没有导致货币存量发生变化。当然，存在一种假想情形，即央行低价买入股票，在高价位卖出股票，回笼货币，则会导致货币存量发生变化。例如，央行通过货币发行的方式购得 10 元的股票，此时，央行资产负债表的资产端增加股票 10 元，负债端增加货币发行 10 元，相应地，股票出售方持有了 10 元的现金或存款。当股价上涨至 15 元时，央行售出股票，那么，购买方的现金或存款减少 15 元，央行的资产负债表负债端的"货币发行"或"商业银行准备金缴纳"较购买股票前将减少 5 元，"自有资金"增加 5 元。

根据前文所述，以股票与债券为代表的非货币性金融资产与货币之间存在替代效应，即发展资本市场间接融资会降低货币存量。但许多研究表明，非货币性金融资产、股票交易额与货币供应量之间存在因果关系，即资本市场发展会导致货币存量的增加。

但是，仅通过实证检验的因果关系并不意味着现实经济中真正存在这种因果关系，两种经济现象具有相关性有可能是另外一个因素导致的，即经济研究的中的"共因"问题。比如，经济增长会导致股票市场发展与货币存量同时增加，往往使人们基于直觉或经验将股票市场发展与货币存量增加这两个"果"误认为两者之间具有因果关系。[①] 当探讨货币股票价格变动与货币存量之间存在何种关系时，应结合具体的经济逻辑及经济实践加以分析。当经济增长时，往往伴随着融资规模的增加，扩大贷款规模与股票发行，也可能由于经济形势向好导致股票价格上涨，这时货币存量增加与股票市场发展会呈现同步性，但两者都是经济增长过程中融资增加的结果，它们之间并不具有因果关系。虽然股票购买者通过贷款融资购买股票的行为在使货币存量增加的同时，也往往会导致股票价格上涨，但是，此种情形下的货币存量增加与股票价格上涨之间的关系属于另外层面的讨论范畴。

因此，无论是一级市场的股票发行还是二级市场股票价格变化都与货币存量之间没有直接的关系，对两者关系的分析必须结合其他导致存款或现金增加的经济行为。否则，对股票发行或股票价格与货币存量之间关系的判断只会具备"预测"功能，并不具备解释功能。

从历史数据来看，随着资本市场的发展，货币存量的确随之增加，由此很容易认为两者具有互补关系。但从逻辑上看，随着资本市场的发展，股票、债券等权利凭证的增长反而会导致货币存量减少。这是因为，经济主体通过间接融资取得资金时，货币存量将增加，通过直接融资取得资金时，股票、债券的规模将增加，货币数量与股

---

① 实体经济的发展会导致融资需求增加，从这个角度看，经济增长是因，金融规模增加是果。如果存在金融抑制，那么，融资约束将对经济增长产生影响，因而，金融规模增加是因，经济增长是果。但是，无论哪种因果关系，都得不出股票市场发展对于货币存量增加具有正向的促进作用。

票、债券具有替代性，存款（货币）、股票及债券都是融资的权利凭证，对于同样的融资规模，这些权利凭证之间存在此消彼长的关系。由于两者同时增加更符合微观经济主体的直觉，运用微观思维对这一问题进行分析时，两者的替代关系被错误地认定为互补关系。进一步地，假定某个企业发行股票用于偿还贷款，存款主体动用存款购买股票，其结果是，商业银行的存贷款规模同时收缩，这会降低货币存量，但会增加股票（股权）数量，显然这是一种间接融资向直接融资的转变，会降低货币存量及货币化水平。

毋庸置疑，从交易的角度看，资本市场的发展会导致二级市场对货币的需求增加，即交易效应。但是，二级市场的交易需求并不影响货币存量，因为证券交易只是引起货币在不同持有主体之间发生转移。即使二级市场货币交易需求的增加导致货币存量增加，但增加的幅度也要小于一级市场对货币需求的替代。

以我国为例，尽管 2023 年 A 股市值已达到约 80 万亿人民币的规模，但每天的交易量只有 1 万亿人民币左右。一方面，同货币存量相比，二级市场交易所产生的货币需求较小，约 1 万亿人民币就可以完成股票市场的交易。另一方面，一级市场融资存量远远大于二级市场交易流量，所以一级市场融资对货币的替代效应要远远大于二级市场的交易效应。[①]

关于二级市场对货币存量不产生影响的结论是建立在投资者运用

---

① 由于股票价格的变化，二级市场的股票市值并不等于企业通过股票市场获得资金的融资存量，但很明显，二级市场的交易流量必然会远远小于通过一级市场累积而成的融资存量，即使股票市场或直接融资的发展在二级市场上存在对货币需求的交易效应，但对于货币需求而言，一级市场的替代效应要远远大于二级市场的交易效应。

自有资金购买股票的前提之上。由于贷款必然创造等量存款，一旦投资者直接或间接①地将通过贷款获得的资金投入股市，必然引起货币供给量增加。考虑到这一因素，股票市场的繁荣会间接导致货币需求的增加。

此种情形可以用一个例子来简化分析。假定初始状态下，甲未持有任何数量的现金或银行存款，乙持有市价 20 元的股票以及 100 元的银行存款，则货币存量为 100 元。由于甲乙心理预期不同，甲预期股价会继续上涨，而乙预期股价下跌，甲从商业银行获得 20 元的贷款购买乙持有的股票。则最后的状态为甲持有市价 20 元的股票，乙持有 120 元的银行存款，20 元的银行存款被创造出来，银行资产负债表扩张，货币存量增加至 120 元。因此，只要经济主体通过银行借贷方式获得资金投入股市，就会引起货币存量增加。此例的实质是，乙将股票借给了甲，只不过这一借贷通过了商业银行，乙的新增存款就是乙对甲持有的股票具有索取权的凭证。值得注意的是，只有通过商业银行贷款然后在二级市场上进行投资的行为才会引起货币存量的增加，任何私人借贷、网络借贷等其他借贷方式所取得的贷款都只是存款主体的转移，商业银行资产负债表未发生扩张，货币存量会保持不变。

综上所述，二级市场的交易能否导致货币存量的增加，关键考察流通中的现金与存款是否增加，由于流通中的现金是央行货币发行

---

① "间接"是指虽然投资者没有用银行贷款购买股票，但是由于购买股票而挤占了本应用于其他用途的货币，为了满足其他用途，投资者需要向商业银行贷款。此外，"间接"也指投资者 A 为了购买股票而向 B 借钱，B 将钱款借出后由于资金匮乏向商业银行贷款，从而创造出货币。显然，在现实中，情况将非常复杂。

的结果，主要考察二级市场的交易行为是否导致了贷款进而存款的增加。①

三、融资结构转变对货币化水平的影响

如前文所述，在间接融资模式下，货币是债务债权关系的索取凭证，而在直接融资模式下，这种索取凭证是股票、债券等。从统计角度看，面对同样的国内生产总值创造，直接融资较间接融资对应的货币量较少，因此，从间接融资向直接融资转变，将从边际（增量）上降低货币化水平。下文将探讨存量角度的融资结构转变对货币化水平的影响以及这一转化存在的障碍。

以债转股为例，考察将商业银行贷款转化成股权的几个情形。②

情形 1：企业出售股权，然后用所得款项归还贷款。这种情形下，购买股权的投资方在银行的存款减少，相应地，企业的贷款减少，进而商业银行资产负债表收缩，货币存量降低，这是一种存量角度的间接融资向直接融资转变。

情形 2：商业银行将对企业的贷款转化为对企业的股权。这种

---

① 从统计口径看，M_0 是流通中的现金，不包括商业银行的库存现金，观察央行的资产负债表也可以发现，货币发行大于 M_0，多出的部分即为商业银行的库存现金。商业银行的库存现金不应统计在货币供给量之内。例如，当经济主体将现金存入银行时，就持有了与现金等量的存款，经济主体的货币持有量并没有变化，只是货币持有形式由现金转化为存款，如果再统计商业银行资产端这笔现金，则会导致重复计算。在分析存款变化导致货币扩张时，要考虑现金向存款的转化，当现金向存款转化时，并不会导致货币供给的总量的变化，只是货币供给结构的变化。本书将存款增加等同于货币供给增加，是假定流通中的现金没有发生变化，即存款是贷款创造的结果，而非现金转化的结果。在现实中，由于流通中现金的数量相对较少，更重要的是不同经济主体现金与存款之间时刻进行相互转化，所以现金转化成存款的情形可以忽略不计。
② 此处列举的几个情况属于非常简化的逻辑分析，重点考察不同形式的债转股对货币存量及货币化水平的影响。

情形只是商业银行资产科目的变化，即资产端的贷款变成股权投资。但如果商业银行将其拥有的企业股权在市场上出售，存款主体用存款购买企业股权，这会导致商业银行资产与负债同时收缩，货币存量降低。这一债转股的实质是存款主体将通过商业银行与企业建立的债务债权关系转化为不通过商业银行的股权关系，因而也是一种存量角度的间接融资向直接融资转变，索取凭证由货币（存款）转化为股票。

情形 3：由社会资本甲成立金融公司实现债转股。显然，当社会资本甲成立金融公司时，甲在银行的存款变为金融公司的存款，甲持有金融公司的股权。当金融公司购买企业乙的股权时，金融公司的存款减少，相应地，企业乙用所得款项归还贷款，商业银行资产负债表收缩，货币存量降低。这一过程相当于甲原来以存款形式通过商业银行对企业乙拥有的债权转化为以拥有金融公司股权的形式实现对企业乙的股权，较情形 2 多了一个中间环节，即金融公司。

情形 4：由商业银行出资成立金融公司实现债转股。假定初始状态为甲的存款对应企业乙的贷款。当商业银行出资成立金融公司 A 时，其资产端增加股权投资，负债端增加金融公司 A 的存款，因而商业银行资产负债表扩张，货币存量增加。金融公司 A 购买企业乙的股权时，企业乙用所得款项对冲其在商业银行的贷款。最后的索取关系是，甲存款（商业银行负债）→对金融公司 A 的股权投资（商业银行资产）→股权（金融公司 A 的所有者权益）→股权投资（金融公司持有乙的资产）。这种形式的实质是，使原来存款主体甲通过商业银行与企业乙建立的债务债权关系中间增加了金融公司这一环节，但商业银行资产负债表的规模及货币存量并未发生变化。

从现实来看，早在 1999 年，由于宏观经济面临通缩压力，国有企业亏损严重，而且利息支出占财务费用比例较高，受此影响，国有商业银行不良贷款率较高。信达、东方、长城、华融四家金融资产管理公司成立，处理国有四大行的不良贷款，实施债转股。2016 年 10 月，国务院出台一系列文件为债转股的实施提供了政策指引。这一轮债转股的启动以国务院降低企业杠杆率为背景，目的不仅在于处置不良贷款。[①] 债转股是对负债企业的深度重组，有助于改善企业经营，减少债权损失，也能够实现从宏观上降低杠杆率、化解系统性金融风险的效果，有助于银行降低不良贷款、减少损失。

《金融资产投资公司管理办法》指出，金融资产管理公司由在境内注册成立的商业银行作为主要股东发起成立，银行通过金融资产投资公司实施债转股，应当通过向金融资产投资公司转让债权，由金融资产投资公司将债权转化为对象企业股权的方式实现。银行不得直接将债权转化为股权，但国家另有规定的除外。

此次债转股，类似于情形 4，但更为复杂。实施债转股后，商业银行资产负债表将发生相应变化，主要是资产端资产结构的变化，对负债端的影响不大，基本不会对货币供给造成直接的影响，但会通过银行存款与贷款的期限错配、释放信贷额度、向商业银行再贷款等方式对货币供给进而货币化水平产生影响。

对于我国持续上涨的货币化水平，调整融资结构能够有效缓解这一现状，但间接融资向直接融资的转变是否具有现实可行性？笔者认

---

① 2016 年 10 月 10 日，《关于市场化银行债权转股权的指导意见》是作为《国务院关于积极稳妥降低企业杠杆率的意见》的附件发布的，因此可以认为此次债转股是国务院降低杠杆率的重要举措。

为目前我国具备一定的转变基础。第一，在基础制度层面，近年来产权界定和法治建设日益得到高度的关注，改革也取得了一定的成效，这无疑为直接融资的发展提供了良好的制度基础。第二，在政策层面，大量文件突出强调直接融资的重要性，也出台一系列政策促进直接融资市场的发展，这都为间接融资向直接融资转变提供了良好的政策背景。第三，在实体经济运行层面，直接融资能够弥补贷款融资的不足，近年来我国直接融资的规模和占比总体上呈现上涨趋势，这表明直接融资得到了企业和投资者的认可。

但是，这一进程也面临许多障碍。例如，企业治理结构不完善，许多企业没有建立完善的法人治理结构，存在管理混乱、企业信息披露不全面、诚信意识和契约精神缺失等问题，企业与投资者之间存在较严重的信息不对称，投资者的权益容易受到损害。上市融资本应服务于生产经营需要，产生更多的利润，而有些企业上市的目的是"圈钱"，原始股东通过上市套现获取个人财富，这无疑没有发挥直接融资市场的本质功能，也有一些企业改变募集资金的用途，或者在金融领域空转，等等。另外，资本市场上的财务造假、过度质押、内幕交易等问题，也会导致投资者失去对资本市场的信心。因此，法律制度和产权制度的完善是发展直接融资的必要条件之一。

总之，间接融资向直接融资转化并不是为了降低货币化水平，而是为了适应经济新常态及实现经济高质量发展。以优化金融结构、提升金融能力为手段，实现金融供给与金融需求的匹配，提高金融体系的适应性、竞争力、普惠性，最终达到促进经济结构转型升级的目标。基于此目标，在金融市场、资金的需求端及资金的供给端等各方面还需要以市场化为导向做大量细致的工作。

第三节　影子银行及其对货币化水平的影响

一、影子银行的产生与发展

影子银行的概念最早是由太平洋投资管理公司（Pacific Investment Management Company，PIMCO）的经济学家麦卡利（McCully）在2007年提出的，主要是指通过非银渠道投资高风险、低流动的结构化产品，游离于传统银行之外的平行银行。[①] 金融稳定理事会对影子银行的定义是："为因期限转换、流动性转换、高杠杆以及不完善的信用风险转移而引发系统性风险和监管套利的非银行信用中介体系。"[②]

2014年12月，国务院出台的《国务院办公厅关于加强影子银行监管有关问题的通知》更加明确地定义了我国的影子银行，指出我国的影子银行主要包括三类：一是不持有金融牌照、完全无监管的信用中介机构，包括新型网络金融公司、第三方理财机构等；二是不持有金融牌照，存在监管不足的信用中介机构，包括融资性担保公司、小额贷款公司等；三是机构持有金融牌照，但存在监管不足或规避监管的业务，包括货币市场基金、资产证券化、部分理财业务等。李文喆认为，从功能性视角，我国影子银行的定义为：依赖于银行信用、从事银行业务、但是又没接受严格的金融行业监管的金融业务，具体指传统的银行表内贷款和债券投资以外的具备完整的信用转换、期限转

---

① Paul A. McCulley, "Teton Reflections, PIMCO Global Central Bank Focus", 2007, https://www.pimco.com/en-us/insights/economic-and-market-commentary/global-central-bank-focus/teton-reflections.

② Financial Stability Board, "Shadow Banking:Scoping the Issues", 12 April ,2011.

换和流动性转换功能的金融业务。[①]相关研究表明，相较于美国将影子银行定义为常规银行体系之外的投资通道、工具和结构，中国的影子银行通常围绕银行展开，是扮演着"类银行"角色的金融信用中介活动。[②]此外，中国的影子银行体系与发达经济体的影子银行体系截然不同，[③]中国的影子银行要简单得多，主要从事提供原本由受监管的商业银行提供的信贷，[④]主要组成部分包括理财产品、委托贷款、资产管理代理、信托业务和民间借贷。[⑤]

目前，我国并没有纯粹的影子银行机构，很多机构都涉及了影子银行业务，同时影子银行的隐蔽性较强，对影子银行的规模测算方面，尚未达成统一的标准。现有的影子银行估计方法都是从间接的角度进行估算。相关研究指出，目前存在三种测算影子银行规模的方法：一是假设影子银行融资规模占国内生产总值的一定比例，由国内生产总值倒推影子银行规模；二是在梳理影子银行各组成部分的基础上，分别估算各部分规模并加总，但这有可能导致重复计算；三是以委托贷款、信托贷款、未贴现银行承兑汇票等影子银行主要构成部分的规模直接相加。[⑥]其中，利用影子银行业务进行计算的方法被应用最为广泛，但业务的不同分类也会导致衡量结果的不同。

---

　　① 李文喆：《中国影子银行的经济学分析：定义、构成和规模测算》，《金融研究》2019年第 3 期。

　　② 何德旭：《影子银行冲击货币政策传导的机制与效应研究》，《财贸经济》2023 年第 2 期。

　　③ K.Chen, J.Ren&T.Zha, "The Nexus of Monetary Policy and Shadow Banking in China", *American Economic Review*, Vol.108, No.12,2018.

　　④ V.Le,K.Matthews,D.Meenagh,P.Minford&Z.Xiao, "Shadow Banks,Banking Policies and China's Macroeconomic Fluctuations ", *Journal of International Money and Finance*, Vol.116, 2021.

　　⑤ J.Du,C.Li&Y.Wang, "A Comparative Study of Shadow Banking Activities of Non-Financial Firms in Transition Economies" ,*China Economic Review*, Vol.46,2017.

　　⑥ 李文喆：《中国影子银行的经济学分析：定义、构成和规模测算》，《金融研究》2019 年第 3 期。

根据国际评级机构穆迪的《中国影子银行季度监测报告》，我国 2012—2017 年影子银行规模呈现逐渐上升的趋势。另外，2012—2016 年影子银行占国内生产总值的比重逐年升高，在 2016 年达到了 86.7% 的峰值，之后开始出现下滑趋势。2018 年，我国影子银行规模首次出现下降，降至 61.3 万亿元，较 2017 年减少 4.3 万亿元，占国内生产总值的比重也降为 68%。2019—2022 年，影子银行规模延续了 2017 年以来的下降趋势，2021 年末，广义影子银行资产减少 2.19 万亿元至 57 万亿元，影子银行资产占名义国内生产总值的比重从 2020 年底的 58.3% 下降至 49.8%。2022 年末，我国影子银行规模继续收缩，占名义国内生产总值比重降至 41.6%，为 2013 年以来的最低水平。穆迪预计，在严监管背景下，影子银行资产规模在 2023 年将继续下降。[①]

从资金需求方看，我国影子银行的兴起可主要归因于房地产开发商、地方政府融资平台与中小企业自 2010 年以来持续保持着旺盛的融资需求。[②]2008 年四万亿投资计划实施后，大量企业产能扩张，项目融资需求旺盛。但是，随着经济形势发生变化，2010 年政府转向稳健的货币政策，资本充足率、信贷额度和存贷比受到监管约束，同时银行作为持牌的金融机构有合规的要求，使银行传统的信贷业务受到了严格的限制，造成流动性在实体经济内部的分配严重失衡。其中，房地产、地方政府融资平台以及两高一剩行业的融资受到了重点调控，这极大促进了影子银行的发展。

---

① 数据来源：穆迪《中国影子银行季度监测报告》。
② 沈建光：《影子银行：金融改革成果还是庞氏骗局？》，《CF40 周报》2013 年 1 月第 185 期。

　　另外，由于我国国有企业占主导地位的经济结构扭曲，大型国有企业常常被认为是风险较低的优质借款人，能够以低廉的利率从银行获得贷款，中小民营企业的资金缺口较为严重。尽管国家政策提供了对中小企业的支持，但现实中，许多中小企业难以通过银行获得贷款支持，中小企业融资成本高，资金缺口严重，也催生了影子银行业务的需求。

　　从影子银行的资金供给方看，较低的银行存款利率已经无法满足我国居民资产的保值增值需求，影子银行产品的收益率明显高于银行的存款利率，这种内生的利率市场化，突破了针对银行基准存款利率上限管制的金融抑制，有助于居民实现资产多元化。而互联网的发展、技术的进步使业务办理和支付方式更加便捷，降低了居民参与的成本和门槛。这种既便捷又可以突破利率管制的投资渠道，极大地满足了资金供给方提供资金的意愿。同时，银行及非银行金融机构可以通过各种操作规避监管，使资金供给得以实现。

　　我国的影子银行又称为"银行的影子"，这突出说明了商业银行在影子银行业务中的重要性。就业务类型来说，可以概括为以下两类：一是银行的理财业务，商业银行通过发行理财产品，向客户募集资金；二是同业业务，包括非银投资、银银同业等，即金融机构通过合作实现为企业提供贷款的目的。如果把第一类业务定义为中国式"影子银行"，那么该影子银行业务不对货币供给产生影响，类似于直接融资，会起到降低货币化水平的作用。如果把第二类也归为影子银行，那么，由于第二类影子银行业务与间接融资一样增加货币供给，只是拉长了信用链条，在其他条件不变时，与间接融资模式对货币化水平的影响相同。因此，影子银行究竟如何影响货币化水平取决于对影子银行的定义，定义不同，包含的业务类型也就不同，对货币化水平的影响也会有所差异。

二、影子银行对货币化水平的影响

李斌和伍戈认为，分析影子银行对货币供给的影响仍然遵循着商业银行资产扩张创造货币的基本原理，即银行增加其他资产业务的活动，都有可能在负债端创造出存款及货币。[①] 显然，商业银行中影子银行业务种类的不同会对货币化水平的影响有所差异。

（一）商业银行表外理财产品

银行的理财产品有银行保本型理财和银行非保本型理财两种，保本型理财属于银行的表内业务，受到监管，不属于影子银行的体系。非保本型理财属于商业银行的表外业务，不纳入商业银行资产负债表的核算，具有明显的影子银行的特征。[②]

假设某商业银行资产负债表的初始状态为：甲的 100 元存款对应乙的 100 元贷款，乙的贷款对应机器 A。此时，假设丙想要获得资金100 元，向商业银行提出贷款请求，但银行受到贷款限制，不能直接向丙发放贷款，商业银行便通过向存款人甲发行理财产品来募集资金来满足丙的资金需求。这一过程的本质是，甲的存款转移至丙，甲通过商业银行持有了理财产品，从而对丙的存款具有索取权，丙的存款对应乙的贷款。虽然甲和丙的债务债权关系也是通过商业银行建立，

[①] 李斌、伍戈：《信用创造、货币供求与经济结构》，中国金融出版社 2014 年版，第 37 页。

[②] 非保本型理财产品是银行业务竞争的结果，由于提供的回报率相对于存款较高，资金投向主要是债券类及同业拆放类资产，并且资产与负债的收益率随市场的变化而调整，因而非保本型理财产品有利于利率市场化。

但是这一关系并不是以存款的形式体现，而是移至商业银行的表外。总的索取关系为：甲的理财产品→丙的存款→乙的贷款→机器 A。在这一过程中，货币供给并未发生变化。显然，丙的目的不是为了获取存款，假定丙的目的是进行投资生产机器 B，则在购买生产要素的过程中，丙的存款不断减少，要素出售方丁的存款不断增加，当丙的存款完全转移至丁时，最后的索取关系变为：甲通过商业银行的理财产品对丙的资产机器 B 具有索取权，丁的存款通过乙的贷款对乙的资产机器 A 具有索取权。因而发行理财产品与发行股票或债券的本质相同，并没有导致存款规模进而货币供给发生变化，只是改变了存款主体。

在现实中，理财产品发行并不像以上例子描述的那么简单，往往需要其他银行或非银行金融机构协作完成。但无论是多少家金融机构参与、理财产品的运作模式是"一对一"还是"资金池—资产池"，只要理财产品的发行不涉及商业银行资产端的扩张进而负债端的存款增加，就不会影响货币存量。有研究认为，发行理财产品可以使资产出表，会释放准备金，为信用货币创造提供新的空间，因而将提高货币存量。[①] 但在上例中，商业银行的资产端始终是乙的贷款，并不涉及资产出表。

尽管理财产品在现实中的运作非常复杂，但进行分析时可以不考虑资产出表也能发现问题的本质。如果把商业银行作为一个整体，很难想象，资产出表再回表后，会释放出更多的准备金。根据前文分析，准备金的上限是由央行决定的，商业银行自身的操作并不能突破这一

---

① 任泽平、甘源、石玲玲：《影子银行创造货币的机制、规模和利弊》，恒大研究院研究报告，2019 年 5 月 28 日。

上限，如果在发行理财产品前，有超额准备金或库存现金，商业银行本身就存在货币创造空间，与是否发行理财产品并不存在因果关系。

由此可见，理财产品与股票、债券类似，存款主体购买理财产品的行为与在一级市场购买股票、债券也无本质不同，都是更为市场化的经济主体自主选择的结果，因而发行理财产品更接近于直接融资，[①]对货币化水平的影响与直接融资也基本相同。

（二）同业业务

以非银投资为例，企业甲向商业银行乙提出融资需求100元，当银行乙不能直接放贷时，银行乙便委托信托公司丙设立一个投资于企业甲的信托产品，银行乙通过购买该信托产品将资金转移给信托公司丙，信托公司丙再将存款转移给企业甲。在这一过程中，商业银行的资产负债表得以扩张，存款及货币存量增加。银行乙的资产负债表变化如表2-6所示。

表2-6　银信合作下商业银行乙资产负债表的变化

资产	负债
应收账款或是可供出售的金融资产（信托受益权）100元	企业存款100元（甲）
总计100元	总计100元

银银同业、非银同业与非银投资类似，只是涉及商业银行资产端科目的变化，最后在负债端都会增加"企业存款"，从而使货币存量增加。

假设企业甲需要资金，向商业银行乙进行贷款100元，但是商业

---

① 前文所述，间接融资模式是贷款创造存款，存款或货币基本是商业银行主导的结果，而理财产品、股票、债券能够产生更取决于存款主体的选择。

银行乙由于监管要求并不能向企业甲贷出这笔资金，便委托另一家银行丙来向企业甲进行贷款，并承诺在未来归还相应的本金和利息。在同业业务的过程中，商业银行乙和商业银行丙的资产负债表如表2-7和表2-8所示。

表2-7　同业业务中商业银行乙的资产负债表

资产	负债
无资金变动	无资金变动
总计无变化	总计无变化

表2-8　同业业务中商业银行丙的资产负债表

资产	负债
同业拆借 100 元	企业存款 100 元
总计 100 元	总计 100 元

当银行乙向银行丙通过同业业务的方式贷出一笔100元的款项时，银行乙的资产负债表不变，但是银行丙的资产方会增加一笔100元的同业拆借款项，同时负债方会增加一笔100元的企业存款款项，使货币存量增加100元。

以上只是通过简化的例子分析影子银行业务对货币存量的影响，在现实中，业务类型及其运作显然要更加复杂。因此，在分析这一问题时，应站在各参与主体动机的角度，理解业务的实质，分析影子银行业务对商业银行资产负债表变化及其存款变化的影响。同时，在分析某些业务类型时，不仅要考察对货币供给的静态影响，也要进行动态分析，在动态上对货币存量的影响也与开展此类业务的动机或目的有关。

以信贷类理财产品为例，如果商业银行将信贷类资产通过信托公司转化为理财产品，然后向客户发行。在这一过程中，客户购买理财产品的行为将导致存款减少，信贷转化为理财产品使贷款减少，商业银行资产负债表收缩，降低了货币存量。这一业务类似于贷款主体通过发行股票归还贷款，等同于间接融资向直接融资转化，只不过在这个例子中，股票变成了理财产品，而且信托公司与银行参与了这一转化。如果商业银行从事这项业务的目的是为了继续发放贷款，但不能满足准备金要求，显然，这项业务中贷款与存款同时出表会释放出多余的准备金，可以创造出与出表数量相等的贷款与存款，但并未超出发行理财产品前的货币存量。

在具体的经济实践中，可能会由于不同银行准备金运用情况不同，有多余准备金的银行不能满足其他放贷条件，而缺乏准备金的银行可以满足其他信贷条件，双方或与第三方其他机构共同操作，可以使准备金得到充分利用，创造出更多存款与货币存量，但这应归因于另外一个研究主题。总之，如前文所述，央行已决定了准备金数量的上限，商业银行或其他机构的任何操作都不能突破这个上限。

三、合理解决影子银行的建议

我国影子银行产生的实质是商业银行在金融抑制环境下自发实施的一种金融创新行为。首先，影子银行产品的收益率显著高于基准存款利率，有利于推进利率市场化，缓解金融抑制，提高资源配置效率。其次，影子银行的发展突破了不同类型的金融市场之间由于分业监管形成的市场分割与结构扭曲，这不但提高了市场的整体流动性与深度，而且推动了金融市场的整合与扩张。[①] 最后，影子银行具有逆周期性，可以对传统间接融资体系形成有益补充。[②] 显然，如果实现了利率市场化、资本市场发达、直接融资渠道顺畅，那么，中国式影子银行也就失去了产生与扩张的基础，因此，影子银行是在我国既定体制下次优选择的结果。

由前文分析可以看出，一般意义上的理财产品并不改变货币存量，而更类似于在边际上发展直接融资。这在提高金融资源配置效率的同时，也加大了通过货币政策调控经济的难度，使货币存量作为货币政策中间目标的可靠性降低。而同业业务只是为了绕过监管，变相发放贷款，并没有改变间接融资的本质，但是拉长了债权债务关系的索取链条，在增加运用货币政策调控经济难度的同时，也加大了潜在金融风险。相关研究显示，影子银行业务会显著增加商业银行系统性金融风险水平，其中，委外投资业务是引发系统性金融风险的直接和主要诱因。[③] 因此，为了达到有利于宏观调控并降低潜在金融风险的目的，在对影子银行进行疏导与监管的同时，应加快金融市场化改革的步伐，以减少金融机构开展影子银行业务意愿的激励。

第一，强化宏观审慎监管。前文对货币政策与货币创造的分析中指出，紧缩性货币政策，比如提高法定存款准备金率，可以有效抑制商业银行的信贷扩张进而货币创造。但是，货币政策在操作过程中至

---

① 中国金融40人论坛：《正视影子银行的发展》，《要报》2013年1月第34号。
② 韩珣、易祯：《货币政策、非金融企业影子银行业务与信贷资源配置效率》，《财贸经济》2023年第1期。
③ 佟孟华、李洋、于建玲：《影子银行、货币政策与商业银行系统性金融风险》，《金融与投资》2021年第1期。

少存在两个方面的不足：一方面，一般来说，货币政策具有调总量的性质，属于总量型宏观经济政策，如果经济运行中出现的是结构性问题，比如为了抑制房地产业过热或"三高"行业的信贷需求，在此时，仅靠传统的货币政策很难加以调控。另一方面，商业银行可以以某种方式回避央行的政策干预，达到为资金需求方提供资金的目的，比如开展影子银行业务，发行理财产品，在边际上不通过增加货币供给但创造出事实上的资金供给，从而摆脱央行政策的制约。也就是说，央行政策调控对于控制商业银行表内信贷从而抑制货币创造可以起到较好的作用，但是对控制融资规模还存在一定的局限。

相关研究表明，影子银行在回避相关监管的同时，可以创造出信用货币[1]，从而降低了货币供应量的可控性和货币政策的有效性[2]、削弱了货币和宏观审慎政策的有效性[3]等。单纯依靠货币政策调控，很难达到预期的政策效果，也容易导致金融风险的累积，因此，应当把影子银行业务扩张、收缩对货币供给增减变化的影响纳入监测范围。[4]

宏观审慎监管的实施也会对货币创造与国内生产总值产生双重作用，影响货币化水平。宏观审慎监管不但会影响整个金融机构资产负债表规模及结构的变化，直接或间接地影响商业银行的资产负债表及货币存量，而且，还会通过影响实体经济获得金融资源的规模及

---

① N. Gennaioli, A.Shleifer&R.W.Vishny, "A Model of Shadow Banking", *The Journal of Finance*, Vol.68, No.4, 2013.

② 江世银、沈佳倩：《影子银行对我国货币供应量与经济增长的影响——基于VAR模型》，《社会科学研究》2019年第6期。

③ A.Y. Ouyang &J.Wang, "Shadow Banking, Macroprudential Policy, and Bank Stability: Evidence from China's Wealth Management Product Market", *Journal of Asian Economics*, Vol.78, 2022.

④ 连飞：《中国式影子银行与货币供给：促进还是抑制？——基于信用创造视角的研究》，《南方金融》2018年第7期。

结构，使国内生产总值发生变化。这两方面共同作用导致货币化水平及其潜在风险有所改变。由此可见，在宏观审慎监管的实施力度、监管工具的选择等方面，不仅要综合判断宏观经济运行的状态，同时也要结合金融机构及实体经济主体资产负债表的结构变化。相关研究也表明，我国在审慎监管过程中，应当根据规模异质性，制定有针对的、全方面、多层次的监管政策，避免中小型商业银行为应对影子规模扩大和宽松货币政策而提高风险承担，降低对金融稳定的冲击。[①]

第二，加快推进利率市场化改革。不同于其他国家，我国的影子银行产生和发展是金融抑制的产物，利率管制在其中起到了重要的推动作用。国内外相关研究认为，监管当局对商业银行严格的利率管制会极大地促进影子银行贷款规模。[②]利率管制强度越大，市场资金价格扭曲越严重，影子银行体系发展就越快。[③]由理财产品的收益率明显高于银行基准存款利率可以得出，现实中资金需求愿意付出的资金价格大大高于管制下的价格，套利行为在促使影子银行产生的同时，也会导致"租金消散"[④]，降低资源应有的价值。从这个角度看，应加快推进利率市场化改革，通过各种政策措施使利率尽量反映市场供求，体现市场化原则，供需双方应权责明确，不应为任何资金交易

①　张晶、陈帅、刘超、陈卓：《影子银行、货币政策与银行风险承担》，《经济与管理评论》2023年第3期。

②　M.Funke, P.Mihaylovski&Zhu H., "Monetary Policy Transmission in China: A DSGE Model with Parallel Shadow Banking and Interest Rate Control", *Social Science Electronic Publishing*, No.9, 2015.

③　赵金鑫：《影子银行、利率管制与利率市场化改革》，《上海金融》2019年第6期。

④　关于价格管制导致租金消散的分析详见张五常：《价格管制理论》，《经济解释——张五常经济论文选》，商务印书馆2001年版，第162—186页。

提供显性或隐性的担保，即打破刚性兑付，实现对资金相对准确的定价，形成更富弹性及多种类型的利率。另外，相关研究也表明，加快推进利率市场化改革，使利率在适当的幅度下浮动有利于缓解企业融资约束，[①]会提高银行间竞争程度，减轻信贷歧视，从而抑制非金融企业影子银行化。[②]

第三，大力发展直接融资。资本市场的不发达缩小了资金供需双方进行有效匹配的空间，对我国影子银行的产生也起到了促进作用。大力发展直接融资，建立多层次资本市场，在信息公开透明的前提下，促进不同类型的资金需求方与资金供给方实现市场化匹配，并且二级市场的连续定价可以使这一匹配动态化，起到对新增资金供求的引导作用，从而实现对影子银行业务的替代，降低潜在金融风险。

第四，改变货币政策调控方式。无论是发展直接融资还是影子银行，都会影响到货币政策依靠货币存量为中间工具进行宏观调控的难度。由前文分析可知，直接融资并不影响货币存量，因此不能通过货币存量的变化判断经济是过冷还是过热，因为即使货币存量没有发生多大变化，可能也会存在由于直接融资规模较大导致总需求过大的情形。对于影子银行业务也是如此，不影响货币存量的影子银行业务可能导致总需求的较大变化。基于这个原因，我国的货币政策调控方式应由传统的数量型调控，逐渐转变为更为灵活及市场化的价格型调控。

---

①   周先平、皮永娟、向古月：《贷款利率浮动的决定因素及其对企业融资约束的影响》，《国际金融研究》2021 年第 11 期。

② 孙志红、刘炳荣：《贷款利率市场化抑制了非金融企业影子银行化吗》，《现代经济探讨》2022 年第 9 期。

　　本章首先归纳总结了融资结构的定义、特点及影响因素，描述了我国融资结构的基本状况。然后结合具体案例分析了面对同样的融资需求，不同融资模式对货币供给及货币化水平的影响，并探讨了间接融资模式向直接融资模式转化的意义、路径及可行性，同时也剖析了不同融资模式在协助投资储蓄转化时的效率内涵，从而为我国发展直接融资提供了一定的理论借鉴。最后以影子银行的业务为切入点，分析了不同类型的影子业务对商业银行资产负债表进而对货币存量及货币化水平的影响，并提出了相关建议。核心观点是，影子银行对货币存量及货币化水平的影响关键是看影子银行业务是否导致了商业银行资产负债表变化，而由此产生的不利影响应通过市场化改革予以消除。

第三章　总需求结构与货币化水平

　　长期以来，我国总需求结构呈现高投资、高净出口、低消费的"两高一低"特征。这一特征不但直接导致货币化水平较高，而且还会通过其他途径促进货币化水平上升。本章以消费率为视角，在探讨我国总需求结构形成机理的基础上，具体分析了投资与净出口对货币供给及货币化水平的影响机制。结合我国投资的融资模式、规模及效率，本章认为，持续扩张的投资规模会在动态上增加货币存量，但不能产生与货币存量相匹配的国内生产总值，导致货币化水平上升。净出口的实质是一国储蓄转移到国外，虽然净出口在静态上对货币存量及国内生产总值的促进作用相同，但在动态上，净出口累积导致的货币存量与当期净出口创造的国内生产总值之间的比例越来越大，从而对货币化水平上升的作用更为显著。总体而言，等量的消费、投资、净出口对于货币化水平的促进作用依次增加。

第一节　我国总需求结构的形成机理

一、总需求结构的界定

　　总需求（Aggregate Demand）是指在既定时期经济系统对最终产

品和服务的需求总量，同样可理解为用于购买商品和服务的支出总和。因此，从支出法的角度进行核算，总需求（AD）由消费需求（C）、投资需求（I）、政府需求（G）和国外需求（X–M）构成。其中，前三者被称为国内需求，净出口则被视作国外需求。一般而言，立足于结构分析的视角，相关文献通过有关消费、投资及净出口的理论探讨总需求结构变动的影响因素。例如，运用边际消费倾向递减理论、持久收入理论以及生命周期理论研究消费需求的变动；从利率、资本边际报酬率、投资乘数等概念解释投资需求；从汇率变动、国外部门收入水平分析净出口的波动情况。

为分析我国总需求结构的变动情况并进行国际比较，有必要明确各项需求的统计口径。与美国用个人消费支出、国内私人总投资、政府对商品与服务的购买、商品与服务净出口分别衡量消费需求、投资需求、政府需求以及国外需求的做法不同，我国将个人消费支出和政府对商品与服务的购买合并为最终消费额以衡量总消费需求，用资本形成总额衡量投资需求，[①]用货物及服务净出口额衡量国外需求。基于总需求由消费、投资及净出口构成，因而对消费率的分析基本等同于对总需求结构的分析，下文将从消费率的角度探讨我国总需求结构的成因及其变化趋势。

---

①　资本形成总额与全社会固定资产投资总额的统计口径存在较大区别：首先，前者包含规模以下投资，后者不包含此项；其次，前者包括无形资产投资，而后者不包含此项；再次，前者不包含以前年度生产产品，而后者包含此项；最后，前者剔除了土地交易额，而后者包含此项。两者数量关系可表示为：资本形成总额＝全社会固定资产投资总额＋规模以下投资额＋无形资产投资额－以前年度产品购买总额－土地交易金额。各项的具体核算方式及逻辑详见许宪春：《准确理解中国的收入、消费与投资》，《中国社会科学》2013年第2期。

二、我国低消费率的重新解释

改革开放以来，我国经济取得了举世瞩目的成就，创造了"增长的奇迹"。然而，伴随着经济的快速增长，消费率也持续处于低位水平。数据显示，1978 年，我国的消费率为 62.2%，[①] 此后呈阶梯下降态势，于 2008 年达到历史低位 48.21%，虽然之后有所上升，但仍远远低于世界平均水平。具体来说，2021 年，我国的消费率为 55.11%，而同期美国的消费率为 81.91%，德国的消费率为 69.35%，日本的消费率为 71.89%。值得一提的是，2000—2021 年，我国的平均消费率为 54.43%，[②] 不仅比发达国家的平均消费率低约 20%，也低于众多消费率相对较低的新兴国家。

对于我国低消费率的成因，学者们已从不同角度展开讨论，尽管目前研究结论尚未完全达成共识，但多数文献均不自觉地受绝对收入假说、持久收入假说、生命周期假说以及在此基础上的预防性储蓄动机假说、缓冲存货假说的影响，从不愿消费（节俭习性、饥荒经历等原因）、不敢消费（预防性储蓄、竞争性储蓄等原因）和不能消费（流动性约束、老年人认知低等原因）等微观家庭视角看待低消费率这一宏观经济现象，认为高储蓄率与低消费率之间具有因果关系。[③] 但是，这些研究未能结合一国的经济产出从实物形态的宏观视角分析消费率。

从价值量来看，消费率是一国消费与国内生产总值的比值，价值量是实物量与其价格的乘积，如果剔除各实物的价格变化，不考虑实

---

① 数据来源：《中国统计年鉴》1995 年。
② 资料来源：WDI Database，见 https://data.worldbank.org.cn/indicator/NY.GNS.ICTR.ZS。
③ 林毅夫、付才辉：《新结构经济学导论（上册）》，高等教育出版社 2019 年版，第 413 页。

物量纲的差异，消费率从逻辑上反映的是一国特定时期内的产出中代表消费品的实物占总实物的比例。因此，厘清消费品的形成过程，才可以更好地判断消费率的决定因素。

一般而言，基于微观个体视角研究宏观问题，虽然可以使宏观分析具有更坚实的微观基础，但往往也会忽视微观经济主体行为的约束条件及内在关联，降低了研究结论的可靠性。理论界运用微观思维进行宏观分析的现象较为普遍，在对消费率的研究中表现得尤为突出。结合消费品的实物形态，笔者认为，我国低消费率是粗放型增长模式下，投资规模较大，消费品相对于资本品产出比重较低的具体体现。相应地，在高质量发展的背景下，随着经济增长驱动方式及生产结构的转变，未来我国的消费品产出占 GDP 的比重将相对上升，进而消费率也将随之上升。

（一）经典文献运用微观思维对消费率的误读

从微观个体角度来看，消费是收入减去储蓄之后的剩余。为了避免重复计算等问题，在统计上采取一系列科学的方法，通过微观消费的加总核算出宏观上的总量消费，但是，如果从微观个体的消费动机推演宏观层面消费的成因则会导致一定的偏差，甚至得出不正确的研究结论及误导性的政策建议。亚当·斯密（Adam Smith）认为社会是个人的加总，社会的共同利益也就是个人利益的加总。科斯主张从现实中的人出发，从人的实际出发来研究人。[①] 西方经济学主流的个体主义方法论认为研究经济学可以假想成自己就是研究的主体，从"经济人"假定出发分析经济现象。由于每个人都是经济中的微

_____

① 转引自宋智勇：《西方制度分析中的整体主义与个体主义》，《当代经济研究》2011 年第 8 期。

观主体，在与其他微观主体的互动中形成了自己最初的经济认识，因此，人们在看待宏观经济时，往往把自己得自微观层面的经验套用到宏观分析上。① 然而，基于个体的宏观分析，尤其是研究者从自身的角度看问题，或者仅仅考察孤立的部分，会导致在研究过程中忽视经济主体的约束条件及内在联系，得出的结论有时并不可靠。萨缪尔森（Samuelson）也曾经指出："有时我们会假定，对局部来说是正确的东西，对总体来说也一定正确。然而，在经济学中，我们经常发现总体并不等于部分之和。如果你认为对局部来说成立的东西，对总体也必然成立，那你就犯了'合成谬误'。"②

凯恩斯指出，"所谓本期投资，一定等于资本设备（由于本期生产活动）在本期中之价值增益，这显然等于我之所谓储蓄，因为储蓄是一期之所得之并未作消费之用者。"③ 由此可见，凯恩斯的分析强调了"资本设备"及"生产活动"，这表明储蓄及消费具有特定的实物形态，并源于生产活动。但令人遗憾的是，基于特定实物形态的结构分析范式在凯恩斯的《通论》中并未贯穿始终，凯恩斯随后以价值量代替实物，并运用绝对收入假说构建消费函数，由此不自觉地运用微观思维进行宏观分析，之后的消费假说，例如，持久收入假说、生命周期假说都是对绝对收入假说的局部修补，依然站在微观个体的角度分析宏观层面的消费。目前，关于消费率的研究也基本遵循这一分析范式，认为货币意义上的收入是影响消费率的重要因素。

---

① 徐高：《宏观分析需要宏观思维》，见 https://mp.weixin.qq.com/s/5uqZ5lGIwcpZk6bkmBFD1w。
② ［美］保罗·萨缪尔森：《经济学》（上），高鸿业译，商务印书馆 1980 年版，第 22 页。
③ ［英］约翰·梅纳德·凯恩斯：《就业、利息和货币通论》，高鸿业译，商务印书馆 2011 年版，第 69 页。

例如，凯恩斯三大心理规律之一的边际消费倾向递减规律①，就是基于微观视角，从价值量出发，分析消费率的决定，忽视了宏观经济演变的结构特征。从微观个体角度看，某经济主体可以依据收入状况分配自己的消费。但是，在宏观层面，消费与储蓄的比例关系会受到此经济体产出结构的制约，消费与储蓄及两者占总产出的比例是产出总量及结构的结果。这也意味着，在封闭经济条件下，如果剔除价格变化的影响，消费率与储蓄率都是产出结构的体现。一些学者对于为什么储蓄没有转化为消费的质疑显然也是陷入了微观思维的误区，因为在宏观上，不经由生产及其在此基础上产出结构的调整，即使某经济主体将储蓄转化成消费，也只是储蓄在不同所有者之间的转移，从实物形态或经济逻辑的角度看，是此经济主体用自己的资本品（储蓄）换取另一个经济主体的消费品，并不影响宏观意义上的消费率。

世界银行 WDI 统计数据显示，发达国家的消费率并不低。1981年美国的消费率达 76.21% 的相对低位，之后长期保持在 79% 以上；1996 年日本的消费率跌至最低值 66.57%，随后在 70% 的水平上下波动；2007 年德国的消费率跌至 71.73% 的较低水平，之后呈现平稳发展趋势，仅在 2021 年跌破 70%，其余年份消费率均在 70% 以上；英国的消费率则始终未低于 80%。② 这显然不是因为发达国家的消费品价格相对于资本品价格较高的结果，而是发达国家随着产业结构的升级，跨越了以第二产业为主进而资本品产出相对较多的阶段，进入到

---

① ［英］约翰·梅纳德·凯恩斯：《就业、利息和货币通论》，高鸿业译，商务印书馆 2011年版，第 118—119 页。

② 资源来源：WDI Database，参见 https://data.worldbank.org.cn/indicator/NY.GNS.ICTR.ZS。

以第三产业为主进而消费品产出相对较多的阶段，即产出结构随着时间的推移发生了变化。进一步地，从长期角度看，这种产出结构的变化并非由微观个体的消费意愿所导致，而是生产结构发生变化尤其是技术进步的结果。

一般而言，一个经济体在经济发展初期，主要以第一产业为主，第一产业的产出主要是消费品，因而消费率较高；第二产业得以发展后，产出的资本品相对较多，会导致消费率下降；但进入到第三产业为主导，消费品尤其是高级消费品占比上升的阶段时，消费率会相应上升。同时，随着产业结构的优化升级，技术进步在经济增长中的作用日益明显，经济增长方式更加集约，资源投入相对下降，也会导致资本品的产出占比下降，从而进一步提高消费率。总体来看，一国的消费率随着经济的增长呈现"U"形变化趋势。显而易见，尽管第一产业为主导与第三产业为主导的消费率都较高，但是，两种情形下的消费总量及结构则有明显的差异。因此，如果运用微观思维依据边际消费倾向递减规律看待宏观层面的消费率，则会忽视了宏观经济演变的结构特征，也就无法解释发达国家的消费率相对较高的现象，因为边际消费倾向递减规律是基于微观个体说明随着收入的增加消费率下降。

亚当·斯密在《国富论》中提到"资本增加，由于节俭；资本减少，由于奢侈与妄为。一个人节省了多少收入，就增加了多少资本……个人的资本，既然只能由节省每年收入或每年利得而增加，由个人构成的社会的资本，亦只能由这个方法增加……资本增加的直接原因，是节俭，不是勤劳。诚然，未有节俭以前，须先有勤劳，节俭所积蓄的物，都是由勤劳得来。但是若只有勤劳，无节俭，有所得而无所贮，资本绝不能加大"。① 从以上论断可以看出，斯密认为个人储蓄的加总形成社会储蓄，并进一步指出只勤劳不节俭，资本无法形成，进而储蓄就无法增加，这意味着，斯密认为消费与储蓄之间存在此消彼长的因果关系。就个体而言，斯密的分析具有合理性。但是，从宏观角度看，不考虑国际部门，例如，剔除用国内资本品换取国外消费品的情形，则一个国家无论如何奢侈，虽然可能导致消费品供不应求，却不可能将产出中的资本品消费掉。所以，斯密的分析仅仅适用于简单经济条件，比如在农业经济中，其产出——如小麦，既可以作为粮食用于消费，也可以作为种子用于储蓄，由此得出"储蓄源于节俭或节制消费"还比较符合现实。

然而，在现代市场经济中，经济产出的种类繁多，资本品与消费品的界限相对分明，各自对应特定的实物及其用途，两者之间往往不可以相互替代，从而在宏观上不能通过节俭或抑制消费的方式提高储蓄率，消费率与储蓄率之间不是因果关系，两者都决定于产出结构。例如，机器、厂房、铁路、桥梁等常见的资本品，显然不是通过抑制消费节俭而来，而是动用相关生产要素进行生产的结果。由此也可以得出，当资本品的产出占一国经济产出的比例相对较高时，则会表现为储蓄率较高，消费率较低。

另外，在微观分析中，一般从价值量的角度用货币来表示消费与储蓄的比例，这一分析范式移植到宏观上，表现为将货币替换为同质的物品，由于货币与同质的物品对于经济分析而言无本质差异，因而这种替换并没有摆脱微观思维的桎梏。例如，索罗在其新古典经济增

---

① ［英］亚当·斯密著：《国富论》，郭大力、王亚南译，商务印书馆有限公司 2021 年版，第 319 页。

长模型中对经济的特征给出了特定的假设："这种模型经济只生产一种综合商品。这种商品或者即期消费，或者以资本存量的形式积存起来。"① 很明显，该模型在产出同质的假定下，不考察生产要素的可获得性、组合方式及配置效率所决定的产出结构，认为这种综合商品既可作为消费品消费也可作为资本品储蓄，忽略了消费品与资本品之间的物质形态及用途的差异，得出消费与储蓄之间可以相互替代，由此陷入了探讨"资本黄金率水平"的误区。之后的研究大多沿用了索罗的分析范式，即使有些分析涉及经济结构，也未能有效地将经济结构的变化联系到消费率的决定之中，依然陷入了从微观主体行为的角度分析消费率成因的误区。

（二）生产对消费的决定作用

从经济逻辑看，有了生产才会有消费，或者说，只有生产出产品，才会有之后的消费。从自然经济到商品经济，再到市场经济，这一观点始终正确，且内容日益丰富。

结合具体的经济运行，一个经济体最后的产出取决于自然资源、资本、劳动力、技术等多种要素的共同作用。要素条件、组合方式及配置效率决定了产出的规模及结构，消费品与资本品或储蓄的数量及各自的内部构成也随之被决定。近几十年来我国经济的高速增长及低消费率，是在改革开放的背景下，生产要素的利用规模不断扩大，并且其组合方式更偏向于产出资本品的结果。许多文献认为低消费率进而高储蓄率是我国经济高速增长的原因，是因果关系的错误运用。我国经济是否可以继续保持高速增长与消费率或储蓄率的高低不构成必

---

① ［美］罗伯特·索洛著：《增长论》，任峻山、吴经荃译，经济科学出版社 1988 年版，第 9 页。

然的因果关系，两者分别代表了由生产要素的利用程度及配置状况决定的产出总量与结构。

关于生产与需求的关系，一方面，在自给自足的自然经济后期，由于出现了生产剩余，经济主体可以将自己的产品与他人交换，这显然是需求决定于生产。在这里，社会中的任何人，想要得到对方的东西，必须用自己的东西去交换，货币的出现并没有掩盖物物交换的实质，而只是充当了物物交换的中介。即使某经济主体可以通过信用预支实物，也是用自己原有的或未来的供给做保证，本质依然是物物交换。另一方面，无论对于个体还是社会，其贫穷或富裕取决于生产能力，需求能力派生于生产能力。

近百年来，世界经济取得突飞猛进的发展，显然是生产力提高的结果。同理，改革开放以来，中国经济出现了长期的高速增长和举世瞩目的变化，也是因为改革开放激发了人们生产的积极性。也就是说，经济发展与增长的基本推动力是生产，尤其是技术水平的变化。尽管在某个时期，消费需求不足对经济增长产生了限制性的影响，但置于生产力发展的历史长河之中，只是波浪式上升趋势中的小波动，从动态层面考察，消费需求不足更重要的意义在于对生产结构的调整优化升级所产生的推动作用，局部的经济过剩可能恰好发挥经济运行机制的优胜劣汰作用。对于这种局部的过剩进行人为干预，不仅往往会事与愿违，甚至可能破坏市场有效配置资源的机制，从而阻碍生产结构的演变。

另外，总需求理论认为，GDP 是消费、投资、净出口加总的结果，三者中任何一项的等量数值变化均会对 GDP 的数值大小产生相同的影响。然而，如果置于宏观经济运行的框架之内，研究产品与劳务产生的源泉，那么，就会发现，只有投资对 GDP 的增加起到了主导作用，而消费与出口则是投资或生产的结果，三者对 GDP 的作用并不是并列关系，而是因果关系。

朱天、张军曾经指出："若消费能拉动一国经济，那么世界上就没有穷国。"①"在一定意义上，较低的消费率所对应的较高投资率或储蓄率正是较高消费增长率的原因。"② 事实上，在讨论通过拉动消费刺激经济的政策时，一般也是提出促进居民收入增加的措施。由于收入的增加离不开就业的增加，因而最终还是由生产决定，否则，增加消费将缺乏物质基础，也往往会导致物价水平的上涨。

马克思指出："我们得到的结论并不是说，生产、分配、交换、消费是同一的东西，而是说，它们构成一个总体的各个环节，一个统一体内部的差别。生产既支配着与其他要素相对而言的生产自身，也支配着其他要素。过程总是从生产重新开始。交换和消费不能是起支配作用的东西，这是不言而喻的。分配，作为产品的分配，也是这样。而作为生产要素的分配，它本身就是生产的一个要素。因此，一定的生产决定一定的消费、分配、交换和这些不同要素相互间的一定关系。"③ 由此可见，无论从微观还是宏观角度，生产起到了决定性的作用，只是在特定时间内的宏观层面看，一个经济体的产出总量与结构决定了消费与储蓄的规模及两者的比例关系。

基于以上分析，应从生产而不是需求的视角看待消费率。国际学术界及政策制定者往往以美国为参照系，认为我国的"高储蓄、低

---

① 朱天、张军：《中国的消费率太低？》，《经济导刊》2012 年第 Z3 期。
② 朱天、张军：《公平改革为何重于结构再平衡？》，《金融市场研究》2013 年第 3 期。
③ ［德］《马克思恩格斯全集》第 30 卷，人民出版社 1995 年版，第 36 页。

消费"模式是全球经济失衡的重要原因。① 这些批评显然忽视了我国的具体国情，因为中美并不处于同样的发展阶段，两者的产出结构存在较大的差异，各自的消费率都具有其内在的合理性，不存在孰优孰劣的问题。英格兰银行前行长默文·金指出："要实现向内需拉动型增长转型，中国就不能再顾及人口快速老龄化的问题，而是需要尽快降低居高不下的储蓄率。"② 如前文所述，无论消费还是储蓄在很大程度上都决定于生产结构，通过改变生产要素的组合方式以及提高生产效率降低储蓄率还具有一定的可取性，但是，通过减少生产要素的利用程度降低储蓄率，则会造成资源闲置，由此影响产出水平与社会福利。因此，内需拉动的真正含义不是降低储蓄率提高消费率，而是不断突破体制、资源、技术等供给方面的约束，改善投资规模、优化生产结构以及提升产出效率，由此实现储蓄与消费的有效动态平衡。

（三）中国低消费率的成因

1. 粗放型经济增长模式的影响

一个国家实现经济增长的具体方式有多种，但最终可以被归纳为粗放型与集约型两种经济增长模式。从世界范围看，大多数国家在实现工业化过程中的经济发展方式并非一成不变，基本都经历了以粗放型为主导转变为以集约型为主导。我国作为走向市场经济的后发国家，长期以来经济发展主要依靠粗放式经营、外延式扩大再生产，③ 具体表现为依靠增加廉价劳动力、土地、自然资源的投入来扩大生产规模，

---

① 关于国际学术界及政策制定者对中国储蓄率的评价，参见林毅夫、付才辉：《新结构经济学导论（上册）》，高等教育出版社 2019 年版，第 401—403 页。

② ［英］默文·金著：《金融炼金术的终结》，束宇译，中信出版集团 2016 年版，第 368 页。

③ 何玉长、潘超：《经济发展高质量重在实体经济高质量》，《学术月刊》2019 年第 9 期。

进而促进产出水平的提高。总体上看，在生产过程中，如果资源类生产要素投入过多，必然导致资本品相对于消费品在总产出中的占比较高，从而造成消费率较低的局面。

粗放型经济增长方式意味着低消费率，这一规律在世界范围内也得到了经验上的支持，以粗放型经济增长方式为主的发展中国家普遍如此。反之，多数发达国家往往呈现"长期保持高消费率"的特征，原因在于这些国家采取的是集约型的增长模式，经济增长主要靠技术进步，资源利用效率高，资源投入少，从而投资相对稳定，消费率也会保持在较低的水平。以 2021 年为例，全球平均消费率为 73.03%，高收入国家平均消费率为 76.41%，其中美国的消费率为 81.91%，英国为 84.05%，法国为 75.63%，德国为 69.35%。而中等收入国家平均消费率为 66.56%，其中印度为 69.79%，印度尼西亚为 66.93%，阿尔及利亚为 63.47%。[1] 这些数据并不是巧合，而是经济增长模式差异的结果。

2. 经济发展战略的影响

在实现工业化、现代化的进程中，政府会根据具体国情制定出相应的经济政策或发展战略，政府"干预型经济"模式是中国经济高速增长的重要原因。[2] 这一模式突出表现为：一方面，政府对投资领域及规模进行调控；另一方面，政府采取各种措施长期压低资本和劳动力价格。辩证地看，这一模式在大多数国家工业化起飞阶段的确能够充分调动经济资源，形成相对较多的资本积累，带来较高的投资率和

---

① 资料来源：WDI Database，见 https://data.worldbank.org.cn/indicator/NY.GNS.ICTR.ZS。
② 中国经济增长前沿课题组：《中国经济长期增长路径、效率与潜在增长水平》，《经济研究》2012 年第 11 期。

较低的消费率。

　　日本的发展经验表明，在"政府主导型"的增长模式下，资本形成规模不断扩张，从而消费率也保持在较低水平。在日本经济腾飞时期，政府制定了一系列的扶持政策，被称为日本型经济体制。[①]20世纪70年代后期，日本政府开始出现"内需为中心"并逐渐成为共识，内需也被认为是日本经济的支柱。此后，扩大内需逐渐成为日本经济发展的基本方针。[②]

　　在相关政策的作用下，20世纪五六十年代日本设备投资实际增长率高达15.4%和14.7%，分别高于对应时期国内生产总值增速5.5个和4个百分点。从1950年到1970年的技术革新期内，设备投资高速增长，达到年平均30%的增长率。[③]1955—1975年，日本固定资本投资率从1950年的20.6%上升至1973年的极值点37.1%。大规模的投资在增加存量资本的同时，在边际上必然表现为消费率的下降。20世纪60年代日本消费率曾跌至65%以下，在20世纪80年代，日本的消费率还处于70%以下，1991年后才开始上升，之后保持相对稳定，长期位于70%以上。[④]

　　此外，在经济发展战略的指引下，我国地方政府经济行为对所辖区域内的投资规模变动进而消费率产生较大的影响。长期以来，GDP增长率作为衡量地方经济发展水平的核心指标，曾一度引发地方政府官员过度追求。吴建军和刘进认为，片面追求辖区内经济高速发展导

　　①　虽然并不存在对日本型经济体制的确切定义，但得到广泛认可：权力的中央集中，市场体系的排除，紧密的政企关系，共同体组织的广泛存在。详见任景波、杜军著：《日本经济战略转型与对策》，经济日报出版社2014年版，第4页。
　　②　张玉来：《日本国际协调型经济发展路径研究》，《人民论坛》2023年第1期。
　　③　辽宁大学日本研究所著：《日本经济的发展》，辽宁人民出版社1979年版，第25页。
　　④　牟晓伟、张宇：《日本储蓄率的变动及对中国的启示》，《现代日本经济》2012年第3期。

致地方政府普遍存在"投资饥渴症",从而使通过高投资率拉动经济的方式具备了内在动力,① 其结果便是消费率长期处于较低水平。

更进一步地,"投资饥渴症"一方面表现为地方政府投资性支出的扩大。1994 年的分税制改革将原属于地方政府的税收大部分转移到中央政府,造成了"强中央、弱地方"的财政税收局面。受此影响,地方政府为扩大税源不得不扩大投资性支出,甚至通过融资平台筹集资金进行大规模投资。另一方面也表现为各级地方政府出台各种优惠政策吸引外商投资以促进区域经济的发展。与此同时,当前我国投融资体制尚待健全,投资预算软约束依旧存在,这些因素进一步加剧了投资过热问题。但我国投资效率较低,后续消费需求扩张的乘数效应不大,导致出现总需求结构投资率居高不下、消费率难以上升的局面。

3. 间接融资模式的影响

我国是典型的以间接融资为主的国家,2017 年我国社会融资规模增量为 19.4 万亿元,间接融资占比达 78.95%,随着我国金融市场的不断成熟以及多层次资本市场的构建,2017—2022 年我国直接融资规模不断扩大,2022 年全年社会融资规模增量累计为 32.01 万亿元,比 2021 年多 6689 亿元,从结构上看,全年对实体经济发放的人民币贷款占同期社会融资规模的 65.3%。② 反观以美国为代表的以直接融资为主导的发达国家,2017 年,直接融资比例平均高达 68%,美国直接融资占比更是达到 79%,③ 而同期我国直接融资占比仅为 21.05%,④

① 吴建军、刘进:《中国高投资率:成因、影响及可持续性》,《财政研究》2014 年第 1 期。
② 资料来源:https://www.gov.cn/xinwen/2023-01/23/content_5738573.html。
③ 梁环忠、黄毅:《提升直接融资比例目标下的资本市场体系优化探析》,《吉林金融研究》2022 年第 4 期。
④ 数据来源:国家统计局《国民经济和社会发展统计公报》2021 年。

远低于以直接融资为主的发达国家。因此，当前我国仍为以间接融资为主的国家。

在我国特定的间接融资模式下，一旦经济主体产生投资需求，只要银行可以发放贷款，投资主体就可以运用贷款产生的存款购买生产要素完成投资。如本书第二章所述，相较于直接融资而言，间接融资更有利于实现投资从而促进经济高速增长，同时也表现为更低的消费率。当然，由于依靠资源投入型的投资拉动，这一模式也存在着经济增长质量不高、增长不具有可持续性以及风险不断累积等问题。

（四）未来我国消费率的变化趋势

各国的资源禀赋、资本存量、技术条件、经济发展战略等，会随着时间的推移发生变化，产出结构进而消费率也会相应改变。党的二十大报告指出，十八大以来，我国经济实力实现历史性跃升。国内生产总值从五十四万亿元增长到一百一十四万亿元，我国经济总量占世界经济的比重达百分之十八点五，提高七点二个百分点，稳居世界第二位；人均国内生产总值从三万九千八百元增加到八万一千元。[①]结合我国经济运行的现实，本书拟从以下三个主要方面对未来我国消费率的变化趋势作出分析与判断。

1. 传统资本品相对饱和

从制造业的角度看，党的十八大以来，我国工业增加值总量不断攀升，成为驱动全球制造业增长的重要引擎，主要工业产品产量快速增长。相关资料显示，2017 年，我国制造业增加值 35584.04 亿美元，占世界制造业增加值的比重达 27.02%，是美国的 1.64 倍。我国 22 个

制造业大类行业的增加值均居世界前列，其中纺织、服装、皮革、基本金属等产业增加值占世界的比重超过 30%，钢铁、铜、水泥、化肥、化纤、发电量、造船、汽车等数百种主要制造业产品的产量居世界第一位。[①] 这在一定程度上表明，传统制造业的资本存量已达到较大规模，继续追加投资的余地不大，相较于过去的高投资而言，投资率将趋于下降，由此会导致消费率上升。

从基础设施的角度看，党的二十大报告指出，我国建成世界最大的高速铁路网、高速公路网，机场港口、水利、能源、信息等基础设施取得重大成就。[②]2021 年末，我国铁路营业里程、公路里程、内河航道通航里程、民航定期航班航线里程、输油（气）管道里程分别达到 15.1 万千米、528.0 万千米、12.8 万千米、690.0 万千米和 13.1 万千米，以高速铁路、高速公路、民用航空等为主体的快速交通网络已基本建成。同时，全国城市道路长度达到 53.24 万千米，城市轨道建设也快速发展，到 2021 年末，建成轨道交通线路长度达 8571.43 千米，线路形式有地铁、轻轨、快轨、城际铁路、磁悬浮等。[③] 这表明，我国基础设施已相对完备，甚至有些领域与区域出现利用效率不高的现象，下一步需要优化基础设施的产业及空间布局，与之前大规模基础设施建设不同，投资规模会相对降低，从而导致消费率上升。

从建筑业尤其是房地产投资的角度看，我国人均居住面积持续增加。2013—2021 年，全国建筑业企业房屋施工面积年均增长 5.3%。

---

① 李晓华：《中国制造业变革的历史进程》，《新经济导刊》2019 年第 3 期。
② 习近平：《高举中国特色社会主义伟大旗帜　为全面建设社会主义现代化国家而团结奋斗——在中国共产党第二十次全国代表大会上的报告》，人民出版社 2022 年版，第 8 页。
③ 数据来源：《中国城市建设统计年鉴》2021 年。

城镇居民人均住房建筑面积由 2012 年的 32.9 平方米，增加至 2021 年的 41.0 平方米，居民居住条件明显改善。[①] 在房地产投资领域，目前的问题主要体现为住房居住功能有待提高，棚户区、城中村和危房改造应继续稳步实施，但从增量上看，房地产改造投资的规模将低于过去十几年新增住房的投资规模，房地产领域的新增资产将相对下降，从而进一步提高消费率。

2. 产业结构持续优化升级

改革开放以来，我国产业结构不断优化，第一产业及第二产业占比下降，第三产业占比逐渐提高，服务业增加值占国内生产总值的比重越来越高。1978 年，服务业增加值占国内生产总值的比重排在三次产业最末位，仅占国内生产总值的 24.6%，改革开放后到 1985 年间，服务业增加值占国内生产总值的比重已超过第一产业，2012 年占比首次超过第二产业，占国内生产总值的 45.5%。[②]

党的十八大以来，我国加快转变经济发展方式，产业结构不断优化升级，服务业实现快速增长，在国民经济稳定发展中的重要性日益显著。按不变价计算，2013—2021 年年均增长 7.4%，分别高于国内生产总值和第二产业增加值年均增速 0.8 个和 1.4 个百分点，至 2021年，我国服务业增加值占国内生产总值的比重达 53.3%，对经济增长的贡献率为 54.9%，拉动国内生产总值增长 4.5 个百分点，高出第二

---

① 国家统计局：《建筑业高质量大发展　强基础惠民生创新路——党的十八大以来经济社会发展成就系列报告之四》，见 http://www.stats.gov.cn/xxgk/jd/sjjd2020/202209/t20220920_1888501.html。

② 国家统计局：《服务业风雨砥砺七十载　新时代踏浪潮头领航行——新中国成立 70 周年经济社会发展成就系列报告之六》，见 http://www.stats.gov.cn/zt_18555/zthd/bwcxljsm/70znxc/202302/t20230214_1903417.html。

产业 1.4 个百分点。[①] 由于第二产业多为资本密集型产业，其投资强度远远大于第三产业，并且当第三产业呈主导状态时，其产出主要体现为更为高级的消费品，两方面的共同作用将会导致消费率上升。

3. 技术进步对经济增长的作用日益明显

近年来，我国不断加强对科技创新产业的支持力度，科技投入持续增加，2021 年，从规模上看，我国研究与试验发展（R&D）的投资达 27956 亿元，投资规模仅次于美国。从比例上看，中国 R&D 投资占国内生产总值的比例达到 2.44%，接近 OECD 国家平均水平。[②] 自 2013 年起，研发人员总量连续九年位居世界首位。党的十八大以来，我国始终将科技创新摆在国家发展全局的核心位置，全国科学研究和技术服务业投资保持快速增长，年均增速达 12.1%。[③] 科技创新领域长期的高投资带来了丰硕回报。党的二十大报告指出，我国基础研究和原始创新不断加强，一些关键核心技术实现突破，战略性新兴产业发展壮大，载人航天、探月探火、深海深地探测、超级计算机、卫星导航、量子信息、核电技术、新能源技术、大飞机制造、生物医药等取得重大成果，进入创新型国家行列。[④]

随着我国创新成果转化机制不断完善，科技创新成果向现实生产力转化加快，不断释放驱动创新发展的源动力。世界知识产权组织的

① 国家统计局：《经济结构不断优化　协调发展成效显著——党的十八大以来经济社会发展成就系列报告之十一》，见 http://www.stats.gov.cn/sj/sjjd/202302/t20230202_1896687.html。
② 国家统计局：《新理念引领新发展　新时代开创新局面——党的十八大以来经济社会发展成就系列报告之一》，见 http://www.stats.gov.cn/sj/sjjd/202302/t20230202_1896671.html。
③ 国家统计局：《固定资产投资效能平稳提升　优化供给结构关键作用不断增强——党的十八大以来经济社会发展成就系列报告之八》，见 http://www.stats.gov.cn/sj/sjjd/202302/t20230202_1896683.html。
④ 习近平：《高举中国特色社会主义伟大旗帜　为全面建设社会主义现代化国家而团结奋斗——在中国共产党第二十次全国代表大会上的报告》，人民出版社 2022 年版，第 8 页。

数据显示，2021年，我国申请人通过专利合作协定（PCT）途径提交的国际专利申请达6.95万件，连续3年位居世界第一。同时，我国创新驱动发展成效显著，2021年，我国创新指数位居全球第12位，比2012年上升22位，位居中等收入经济体首位。[①]创新带来的技术进步加快无疑会改变过去依靠投资驱动、规模扩张的粗放型经济增长模式，从而带动经济结构转型，从根本上降低投资率，进而提高消费率。与资源约束下的投资规模减少导致的储蓄率下降不同，以技术进步推动的储蓄率下降意味着资本增量从而储蓄质量的上升，在动态上不但可以优化产出结构、提升消费水平，也可以提升消费品的品质，更大程度地满足人民对美好生活的需要。

第二节 高投资对货币化水平的影响

一、高投资引发信贷扩张

近年来，我国货币供给规模不断攀升，广义货币存量 M_2 从2006年末的345577.91亿元增至2022年末的2664320.84亿元。在货币供给增加的同时， M_2 与GDP的比值即货币化水平也从2006年的1.57增至2022年末的2.20。从 M_2 的结构看，准货币（ M_2-M_1 ）增加对我国的货币扩张起到了至关重要的作用，自2006年末的219549.86亿元增至2022年末的1992646.08亿元，增加了1773096.22亿元。准货币主要由企业的定期存款与居民储蓄存款构成，主要承担的是储蓄职能，而非交易职能。以此为视角，王国刚的研究表明，我国货币供给

① 国家统计局：《新理念引领新发展 新时代开创新局面——党的十八大以来经济社会发展成就系列报告之一》，见 http://www.stats.gov.cn/sj/sjjd/202302/t20230202_1896671.html。

扩张与高储蓄及储蓄大于投资有关。[①] 在间接融资为主的融资模式下，从企业的资金来源看，银行贷款占比较高，从资金提供方（储蓄方）的角度看，则表现为储蓄主体持有的货币量较多，这是对同一个问题从不同角度的解读。因此，高储蓄在间接融资为主的融资模式下必然表现为货币存量较高。另外，储蓄大于投资会提高净出口占比，从而导致外汇占款增加，提高货币存量。

毋庸置疑，近年来投资对于我国经济的高速增长起到了至关重要的作用。在短期，投资是拉动总需求的关键因素，在长期，投资累积而成的资本存量则是经济增长不可或缺的生产要素。没有投资，我国经济的高速增长从而规模巨大的储蓄也就无从谈起。另外，如前文所述，在间接融资为主的融资模式下，没有投资的贷款需求，商业银行的存款也不会被创造出来。

现有理论对货币乘数形成机制的解释是贷款人把贷款又存入商业银行，然后商业银行继续贷出，贷款人继续存入，以此类推。[②] 如果进一步分析可以发现，贷款人存入商业银行的存款会由于购买生产要素不断减少，相应地，要素出售方的存款会不断增加，最后实现存款人角色的转换，要素出售方最终的存款与要素购买方的贷款相等，并形成索取关系，要素购买方取得了要素的使用权。无论动态上货币乘

---

① 王国刚：《"货币超发说"缺乏科学根据》，《经济学动态》2011年第7期。

② 货币乘数强调商业银行运用缴纳准备金后的存款发放贷款，给人的感觉是存款决定贷款，但如前文所述，超额准备金的规模及法定准备金率决定了商业银行在增量上发放贷款进而创造存款的规模，与商业银行存量意义上的存款规模没有关系。货币乘数理论没有进一步分析贷款的原因，没有将货币与实体经济结合起来。在实际经济活动中，当投资需求下降时，贷款意愿不足，银行超额准备金增加，货币乘数降低。当投资需求增加时，贷款意愿增加，银行超额准备金减少，货币乘数也会相应增加。从这个角度看，正是因为投资需求变动才导致货币供应量变动，即实体经济决定货币供应量，而不是货币供应量决定实体经济。

数的链条有多长，每一个链条上都是反映的这种经济关系。[①] 由于存款是货币存量的主要构成部分，因此，投资规模巨大不但是储蓄增加的原因，也是在间接融资模式下货币存量增加的原因。一旦投资规模收缩，投资主体贷款意愿下降，经济增长乏力，无论从储蓄主体的角度还是从商业银行的角度，货币存量将失去扩张的基础。

高投资除了通过贷款直接创造存款（货币）之外，还会间接促进货币存量的增加。例如，高投资增加了资本存量，资本存量规模越大，产出能力也就越大，由于结构性原因，[②] 当总供给不能被国内总需求完全吸收时，将导致净出口增加，从而使货币存量进一步上升。也就是说，高储蓄与储蓄转移到国外的部分（净出口）都是前期高投资的结果。

我国投资规模具有两个明显特征：一是投资的相对规模或投资率偏高；二是投资的绝对规模持续上升。投资的相对规模不同或投资与消费比例的差异会导致两个国内生产总值基本相同的经济体具有不同的货币存量。在消费品的实现过程中，货币主要承担交易功能，可以反复循环使用，一年内可以周转多次，可以完成数倍于自身数量的消费品交易。另外，消费品的实现一般很少通过银行信贷对货币形成固态上的占用，因而货币流通速度较快，需要的货币存量规模也就较小。而资本品的实现不但在交易环节同消费品一样会需要货币，更重

---

① 为了简化，此分析未考虑商业银行缴纳准备金的情形，即使存在一定比率的准备金缴纳，在间接融资模式下，银行存款对投资所形成的资本具有索取的逻辑依然成立，准备金缴纳只是降低了银行存款对国内资本的索取比例。

② 结构性的原因很多，比如投资主体结构、投资产业结构以及收入分配结构（既包括收入分配格局也包括收入分配差距）等，但在深层次上，市场机制没有充分发挥作用是结构性问题的主要决定因素。

要的是资本品的取得往往不是完全通过购买方的自有资金，还需借入一定数量的货币，这部分货币承担投资储蓄转化功能，使储蓄方与资本品使用方形成债权债务关系，这种对货币在固态上的占用会降低货币流通速度，相应的货币供给规模就会较大。这意味着，等量的消费品与资本品的实现需要的货币数量并不相同，消费品的实现所需要的货币数量相对较少。

毋庸置疑，面对特定的资本存量，经济主体必然以股权或债权的形式体现对资本存量的索取权，由于近年来间接融资为主的融资模式并未发生根本改变，资本存量的权利凭证仍过多地表现为银行存款。虽然投资并不是导致货币存量增加的唯一变量，但是，投资对于经济增长的短期需求功能与长期供给功能使其他因素都会受到投资的制约与影响。因此，如果融资模式不发生根本性改变，间接融资仍居主导地位，资本存量规模将是货币存量规模的决定性因素。

当然，随着投资储蓄转化过程的结束，企业从事生产行为获取利润，贷款被偿还，储蓄方运用存款购买产品，商业银行的资产负债表会收缩到投资储蓄转化前的状态，投资所导致的货币增量消失，增量资本的资金来源也会相应地转化为股权融资。但是，如果资本形成规模不断扩大，贷款额超过还款额，作为储蓄权利凭证的存款也会随之增加，货币存量上升。因此，在融资结构大致恒定时，投资增速与货币供给增速尤其是资产性货币供给增速往往具有一致性。

由此可见，近年来我国货币存量 M_2 水平不断攀升并居世界首位，主要是因为在间接融资为主的融资模式下，我国的投资规模巨大且持续上升。投资不断累积必然会导致资本存量及货币存量不断攀升。而且，在间接融资模式下，依据投资储蓄转化的基本逻辑，货币存量与资本存量将形成一定的对应或索取关系。因此，对于我国是否存在货币超发不应只根据货币存量的增长率是否大于国内生产总值增长率与通货膨胀率之和加以判断。在现代经济条件下，货币的资产性质或货币与资本存量之间的具有对应关系使费雪方程式 $MV=PQ$ 所描述的货币流通速度 V 是一个相对稳定的数值不能成立。[①]

二、高投资导致的投资效率下降使货币存量不能有效减少

经济增长前沿课题组认为，以高成本为代价的高投资—高增长发展模式不可持续，高投资在带动经济增长的同时造成了投资效率的下降，因此必须提高投资效率实现经济健康发展。[②] 相关研究也表明，过度依赖投资增长的经济增长方式已经在我国的一些地区和一些行业形成了投资过热或过度投资问题，造成产能过剩和投资效率降低。[③] 盲目投资和扩张可能会忽略投资效益，导致投资效率下降，财政补贴、信贷支持和税收优惠政策也往往会导致受产业政策支持的企业投资效率下降。[④]

相关文献的测算显示，从宏观层面看，我国税前资本回报率（不考虑存货）近年来呈现明显下降趋势，从 2008 年的 21.30% 下降至 2019 年的 12.80%。反观同一时期的发达国家，美国从 6.30% 上升至

---

① 费雪方程式（$MV=PQ$）中的货币 M 大致对应 M_1。费雪进一步认为，企业的定期存款不是货币，因而也不应缴纳准备金。事实上，在 20 世纪 50 年代才有了 M_0、M_1、M_2 的划分，而费雪方程式创立于 20 世纪初。显然，费雪方程式中的 M 与现在讨论的广义货币供给 M_2 具有不同的外延，两者所指的对象不同，这也是不能依据费雪方程式研究货币供给 M_2 与通货膨胀之间关系的重要原因。

② 经济增长前沿课题组：《高投资、宏观成本与经济增长的持续性》，《经济研究》2005 年第 10 期。

③ 王玉华、赵平：《投资规模、投资效率与经济增长的动态关系研究》，《经济与管理》2013 年第 10 期。

④ 吴世农、尤博、王建勇、陈辐妍：《产业政策工具、企业投资效率与股价崩盘风险》，《管理评论》2023 年第 1 期。

9.00%，德国从 12.50% 下降至 10.00%，日本从 6.40% 下降至 5.00%。[①] 这表明我国资本回报率从横向对比看，优势也在逐步缩小。

从融资结构看，我国企业的融资活动主要通过商业银行来完成。谢平与张怀清指出，如果大多数商业银行出现不良资产，并且商业银行又存续经营，在现行货币统计口径下则会出现内部货币虚增的现象。[②] 显然，一旦企业采用粗放型增长方式，企业资金周转率低下，将导致银行积累大量呆坏账，形成不良资产，这部分不良资产不仅不能创造相应的国内生产总值，还会降低货币的流通速度，提高货币化水平。近些年来我国商业银行不良贷款率逐步上升，从 2012 年第一季度的 1% 逐步上升至 2023 年第一季度的 1.62%，上涨幅度达62%，[③] 不断升高的不良贷款率也从另一个方面体现了我国投资效率的不断下降。

从内部约束看，企业投资的动机往往也不是利润最大化，许多国有企业管理者出于自身利益诉求盲目扩张投资，导致我国宏观投资效率的低下。赖明发等学者认为，国有企业因产权性质与经济地位的特殊性使得其一方面占据融资优势，但另一方面却表现出更低的投资效率。因此，为构建健康的投融资市场，实现资本最优化配置，实践中应当持续深化国有企业改革，构建国有与民营资本相互融合竞争的公平市场环境。[④]

---

① 李宏瑾、唐黎阳：《全球金融危机以来的资本回报率：中国与主要发达国家比较》，《经济评论》2021 年第 4 期。
② 谢平、张怀清：《融资结构、不良资产与我国 M_2/GDP》，《经济研究》2007 年第 2 期。
③ 数据来源：Wind 数据库。
④ 赖明发、陈维韬、郑开焰：《国有企业融资优势与投资效率背离之谜——基于产权与产业的比较分析》，《经济问题》2019 年第 5 期。

　　总之，投资效率的降低一方面导致投资对产出的拉动作用不断下降，另一方面也会使货币存量难以减少。首先，投资效率降低，往往伴随着盈利能力及偿债能力下降，使投资主体难以偿还银行贷款，进而货币存量不能收缩。从微观角度看，企业用利润偿还贷款的实质是企业资本结构在边际上增加股权的占比，在宏观上则表现为间接融资向直接融资转变，可以有效降低货币存量及货币化水平。其次，企业盈利能力下降，表明产品不能有效适应市场需求，降低了存款主体的购买意愿，减少了存款下降的程度，抑制了货币存量的收缩。从商业银行的资产端与负债端考察，企业不能减少贷款与存款主体不愿减少存款类似于一枚硬币的两面，是同一问题的不同表达，即资本存量所导致的产出与市场需求不能有效匹配。这也意味着，初始投资导致的贷款及存款不应产生，因而属于"货币超发"。

三、高投资并未完全转化为资本

　　虽然近年来我国投资规模巨大，但并不是所有的投资都转化为资本存量。例如，根据国民经济核算原则，资本形成（投资支出）包含商品房销售增值，即相应商品房销售额与商品房投资成本之差。[①] 因此，一方面，与房地产相关的大量投资并未转化为资本，而且从长期看对国内生产总值推动作用较小，甚至高房价还会对实体经济形成挤压。另一方面，房地产投资及购买往往伴随着贷款的增加，依据"贷款决定存款"的逻辑，也会导致货币存量的增加。综合以上几个因素，房地产投资从动态上对货币化水平的上升具有重要的推动作用。

---

　　① 　许宪春：《准确理解中国的收入、消费与投资》，《中国社会科学》2013 年第 2 期。

数据显示，我国房地产开发投资从 2008 年末的 31203.19 亿元增加至 2021 年末的 147602.08 亿元，增长了 4.73 倍，年复合增长率为 12.70%。另外，我国房地产开发企业的资产规模扩张较快，资产总额从 2008 年末的 144833.55 亿元增加至 2021 年末的 1133856.73 亿元，增长了 7.82 倍。伴随着资产规模的快速扩张，房地产行业的资产负债率自 2009 年以来也持续攀升，2021 年达到了 80.30%。与高负债率对应，我国房地产开发企业贷款占银行贷款的比例都高于 10%，在 2013 年、2014 年这一占比超过了 20%。[①]

由此可见，在间接融资为主的融资模式下，房地产行业投资规模的快速扩张使自身资产负债率较高的同时也占用了大量的银行贷款，增加了货币存量。具体来看，房地产开发商从银行融资，在银行资产负债表上，资产端会出现一笔贷款，负债端会产生一笔等量存款。房地产开发商通过这笔存款支付房屋建造费用，存款发生转移。居民购买商品房，商业银行存款端的存款主体由居民再转移到房地产开发商。房地产开发商通过存款抵消贷款，货币供应量收缩，这一过程并未导致银行资产负债表的扩张。但在具体实践中，一方面，房地产开发投资的不断扩张会使其还款规模小于贷款规模，进而增加货币存量。另一方面，购房者往往不是运用自有资金而是通过住房按揭贷款的方式购买住房，根据"贷款决定存款"的逻辑，则会导致货币存量增加。

例如，房地产开发企业贷款 100 万元建造商品房，相应地，商业银行负债端会出现开发商的 100 万元存款，在建造过程中，开发商的

---

① 数据来源：《中国统计年鉴（2022）》。

存款减少，要素出售方的存款增加，建造完成时，要素出售方的 100
万元存款对应开发商的贷款，开发商的贷款对应商品房。如果此商品
房以 120 万元的价格售出，购房者动用自己的存款，最后的结果是，
房地产开发商有 20 万元存款，要素出售方有 100 万元存款，货币存
量并未发生变化，只是购房者的原来存款转化为开发商与要素出售方
的存款。如果购房者并不是通过自有资金，而是全部通过银行贷款，
那么，最后的情形是，生产要素出售方存款 100 万元，房地产开发商
存款 20 万元，总量 120 万元的存款对应购房者的贷款，从而货币存
量增加了 120 万元。当购房者用自有资金首付一定比例的房款时，货
币创造的规模也会随着首付比例的大小有所不同。另外，当房地产开
发商扩大投资时，其还款规模将小于贷款规模，货币存量也会增加，
增加的规模取决于投资扩张的规模。

　　以上只是简单描述了房地产开发与销售对货币存量的影响，在现
实中，房地产业对货币存量的影响非常复杂，从主体的角度看，地方
政府、房地产开发企业及居民都可以通过其贷款行为影响货币存量。

　　近年来，地方事权和财权的不对等使地方政府对土地财政的依赖
加深，进一步观察发现，地方政府主导经济发展大致遵循相同的模式：
首先以土地作抵押，进行大量融资，然后利用这些资金进行基础设施
建设以及旧城改造等，之后再进行招商引资和房地产开发，以土地增
值收入归还银行贷款。

　　地价的上涨为地方政府带来两个好处：一是土地抵押贷款规模增
加；二是土地出让收入增加。相关研究表明，由于地方政府追求的是
土地抵押贷款规模与土地出让收入之和最大化，城市基础设施资本化
效应较大及土地抵押融资率较高的城市会有意识地选择"少出让，多

抵押"的融资模式以使土地融资总额最大化。[①]地方政府通过少出让土地，影响商品房供给，使房价较高，房价较高会引致地价较高，将剩余土地抵押获得的银行贷款进而存款（货币）也就相对较多。从这个角度看，我国的房价过高在更大程度上是一个财政而非金融或货币问题。

显然，土地货币化也会影响货币存量及货币化水平。假设土地出让价值50万元，商品房售价100万元，居民购买房屋时首付比例为30%，由此产生贷款70万元，但是在国内生产总值核算过程中，土地出让收入并不计入国内生产总值，国内生产总值增加的数额仅为增值的50万元，但产生了70万元的贷款。从这个角度看，广义货币化假说对于货币化水平具有一定的解释力，即土地货币化提高了我国的货币化水平。[②]由此也可以看出，如果首付比例不变，房价越高，相应的贷款进而存款（货币）也就越多，因此，结合商业银行资产负债表的变化及"贷款决定存款"的逻辑可以得出，房价上涨是原因，货币增加是结果。

具体来看，随着经济的增长，财富或储蓄性资产（包括存款）增加，居民产生更强烈的居住需求，愿意以更高的价格购买住房，因而货币存量也会影响商品房价格。但是，因为资产性货币只是财富或储蓄性资产的一种形式，如果认为货币存量增加导致房价上涨，同样也可以认为股票存量增加导致房价上涨。

---

① 郑思齐、孙伟增、吴璟、武赟：《"以地生财，以财养地"——中国特色城市建设投融资模式研究》，《经济研究》2014年第8期。

② 需要注意的是，如果不涉及中央银行的货币投放，广义货币化过程中只有产生银行借贷时才会导致货币供给增加，未发生银行借贷的货币化并不会增加货币供给。在此例中，全款购买商品房显然是货币转移而不是货币创造，从而不影响货币存量。

就研究的主题而言，本书关注的是货币创造过程。当居民通过银行信贷获得资金购买商品房，则表明购买商品房的资金源于间接融资，那么，房价越高，贷款进而货币存量就会越多。对于反向因果关系，可以结合以下两种情形加以理解：第一种情形是某新企业的资金来源是银行贷款，则对新企业行使索取权的凭证体现为银行存款；第二种情形是这个新企业的资金通过直接融资方式获得，那么对新企业行使索取权的凭证则会体现为股票（股权）或债券。但是，就财富量或储蓄而言，两种情形下财富或储蓄性资产增加的数量是一样的，即社会增加了一个新企业。相应地，对住房需求的增加也是一样的，都会导致房价上涨。但是，第二种情形下的房价上涨显然不是货币存量增加导致的，因为货币存量并没有增加。这个例子想表明的观点是，不要看到货币存量与房价同时增加了，就运用传统的货币数量论简单地认为，货币存量增加是原因，房价上涨是结果。真正的逻辑关系是，因为新企业产生进而财富增加，导致储蓄主体的居住需求增加，房价上涨。

因此，分析房价与货币的关系，不能简单地得出货币增加导致房价上涨的结论，一定要分析货币存量为什么增加。显然，这一分析只是从需求的角度探讨房价上涨的原因，但房价决定于供求，如前文所述，控制土地供应也会导致房价上涨。在完全市场化的情形下，如果一个商品的价格上涨幅度很大，那么各分散的供给主体必然增加这种商品的生产，从而会抑制这种商品的价格过度上涨。但是，在我国的土地供给制度下，地方政府追求土地出让收入及土地抵押贷款之和最大化，这显然与市场化的土地供应进而商品房供应有一定的差距，从这个角度看，不能单独从需求的角度看待房价。我国的商品房价格过高同时也是一个供给问题。党的二十大报告指出，坚持房子是用来住的、不是用来炒的定位，加快建立多主体供给、多渠道保障、租购并举的住房制度。因此，对房地产价格的调控也应关注供给端。①

　　总之，高投资对于货币化水平的影响主要表现为三个方面：首先，由于等量消费与投资对货币的占用不同，高投资会通过信贷渠道导致货币扩张。即使两个经济体国内生产总值相同，在其他条件不变时，投资率较高的经济体货币存量的增加会相对较多；其次，高投资导致的投资效率低下降低了贷款偿还率，抑制了商业银行资产负债表的收缩进而货币存量的减少，使货币化水平不能降低；最后，投资创造出了货币但未形成有效资本，从长期看不能带来产出的增加，在动态上推动了货币化水平的上升。

第三节　高净出口对货币化水平的影响

一、我国净出口状况及央行资产负债表的特征

　　我国在改革开放以前基本处于自给自足的封闭状态，净出口额很小，净出口占国内生产总值的比重一直围绕 0 附近波动。改革开放以后，我国依靠自身廉价的原材料和劳动力在国际贸易中获得了极大的竞争优势，净出口额逐步攀升，占国内生产总值的比重相对处于较高水平。尤其是 1994 年以来，随着汇率制度改革的完成，国际贸易持续顺差，净出口整体上呈上升趋势。经过多年的发展，国内加工生

---

　　①　习近平：《高举中国特色社会主义伟大旗帜　为全面建设社会主义现代化国家而团结奋斗——在中国共产党第二十次全国代表大会上的报告》，人民出版社 2022 年版，第 48 页。

产能力逐渐增强，加入世界贸易组织（WTO）后，净出口在2005—2008年急剧增长，并在2007年首次突破2万亿元大关，2022年为58577亿元。与此同时，净出口占国内生产总值的比重在2007年达到了7.53%的水平。虽然2007年之后我国净出口占国内生产总值的比重有所下降，但在2012年又从2.70%开始上升，在2022年达到4.84%的水平。[①]

在过去的十几年间，净出口的快速增长是外汇占款增加的重要原因。夏春莲的研究表明，从存量上看，净出口对外汇占款增长的贡献率在2005年至2008年维持在50%以上，在2007年达到最高值65.8%，外资流入及其他因素的贡献率仅占40%。2008—2011年，受金融危机影响，我国净出口下滑，但净出口对外汇占款增长的贡献率仍稳定在40%—45%。2011年以来，稳中有升的净出口同样对外汇占款起到了重要的拉动作用；从增量上看，短期国际资本净流入和净出口是外汇资产增量的主要来源，2002—2008年，我国新增外汇占款上行主要是净出口贡献的，2008年以后国际资本流动成为新增外汇占款上行的主要原因。[②]数据显示，2022年，净出口占新增外汇占款的贡献度仍达35.50%。[③]

中国人民银行数据显示，在净出口、外资流入等因素作用下，2014年5月外汇占款达272998.64亿元的历史峰值，占央行资产总额的82.97%，远高于央行对政府债权、对其他金融性公司债权等资产。之后，由于资本流出、出口下降等原因，外汇占款逐步下降，

---

① 数据来源：国家统计局网站。
② 夏春莲：《我国外汇储备对货币供给内生性的影响研究》，经济科学出版社2018年版，第66—71页。
③ 数据来源：中国人民银行、商务部。

在 2022 年末降至 214712.28 亿元，缩水了近 6 万亿元，但占资产总额为 416783.78 亿元的比例仍高达 51.52%。再看央行的负债，截至 2022 年末，我国央行的负债总额为 416783.78 亿元，其中货币发行为 110012.57 亿元，M_0 为 104706.03 亿元，货币发行占央行负债的比例为 26.40%，而其他存款性公司存款（准备金）为 227876.54 亿元，占央行负债的比例为 54.68%。另外，2022 年末，我国广义货币供给量 M_2 为 2664320.84 亿元，M_0 与 M_2 之比为 3.93%。[①] 由此可见，我国央行的负债主要体现为其他存款性公司的存款（准备金），货币发行以及与其密切相关的 M_0 并不多。[②]

综上所述，外汇占款与其他存款性公司的存款是央行资产与负债的主要构成部分，相应地，货币发行相对较少。根据央行先有资产再有负债的原则以及外汇占款与资产总额的比例，可以发现，外汇占款增加是我国央行资产负债表扩张的重要驱动力量，但在央行的负债端并未体现为货币发行的大规模扩张。

二、净出口、外汇占款与货币供给

前文分析了外汇占款对央行资产负债表的影响，但要进一步分析净出口影响外汇占款及 M_2 的路径，还需要考察央行的负债结构与商业银行的行为。

以出口导致的外汇占款增加为例，如果出口企业将结汇所得以人民币存款的形式持有，央行通过"货币发行"的方式取得外汇，则这

---

① 数据来源：中国人民银行。
② 货币发行略高于流通中的现金（M_0），高出的部分即为商业银行的库存现金。商业银行的库存现金虽然属于基础货币，但不属于广义货币 M_2。

一结汇行为反映在商业银行与央行资产负债表中的科目为：商业银行存款（商业银行负债）、商业银行库存现金（商业银行资产）、货币发行（央行负债）、外汇（央行资产）。因此，不考虑商业银行与央行的进一步操作，由出口导致的外汇占款增加提高了货币供给 M_2。假定央行通过提高准备金率的方式对冲由外汇占款增加导致的货币发行，在实行完全对冲时，上述"商业银行库存现金"转化为"法定准备金存款"、"货币发行"转化为"其他存款性公司存款"，此时资产负债表科目为：商业银行存款（商业银行负债）、商业银行法定准备金存款（商业银行资产）、其他存款性公司存款（央行负债）、外汇（央行资产）。

从静态看，央行实行完全对冲并未影响央行与商业银行资产负债表的规模，也没有改变商业银行提供给国内实体经济的资金规模，货币存量 M_2 并未发生变化，只是改变了央行的负债结构及商业银行的资产结构。但在动态上，"商业银行库存现金"与"法定准备金存款"对商业银行资产负债表的影响具有明显差异。"法定准备金存款"意味着出口企业的存款增加不会使商业银行的资产负债表继续扩张，而"商业银行库存现金"，在存在贷款需求时，将转化为法定准备金，通过货币乘数放大出数倍于自身的贷款，使商业银行资产负债表与货币供给 M_2 扩张。

央行的不同操作虽然使出口导致的存款增加在商业银行的资产端和央行的负债端以不同的科目出现，但出口企业的存款只与外汇占款形成对应索取关系，因为既定数量的债权只能对应既定数量的债务，出口企业的存款不能既体现为对国外资产的索取权，又体现为对国内资产的索取权，即使商业银行运用这笔存款的部分或全部通过货币乘数创造出新增货币，新增货币也是反映新的债权债务关系，并不与出口企业的存款产生关联。

如果外汇占款增加由外资流入导致，则体现以下经济逻辑：外商通过付出外汇实现对国内资本的占有，而国内资本的出售方通过取得外汇实现对国外资本的占有，是一种国内资本与国外资本的互换行为。也可以认为，外资流入意味着国内经济主体把对国内资本的股权转化为以外汇占款体现的对国外资本的股权或债权。因此，无论是出口还是外资流入导致的外汇占款增加，都会通过央行的负债与商业银行的资产形成依次索取关系，最终都将对应商业银行负债端的等量存款。

根据对外汇占款的依次索取关系，央行资产端的外汇并不属于央行，因为对应着相应的负债，如存款性公司存款或货币发行，也不属于全体国民的财富，因为央行的负债对应的是存款或现金持有主体的资产，如果某经济主体没有现金或存款，显然也就对外汇不具有索取权。在动态上，出口导致的货币增加会通过复杂的环节使这笔货币的持有主体发生变化，但没有改变货币持有主体对外汇拥有索取权的经济本质。由于货币供给 M_2 的规模远远大于央行资产端的外汇，哪些货币持有主体最终成为外汇的所有者，取决于换汇意愿。总之，依据外汇占款形成的经济逻辑，央行资产端的外汇对应 M_2 的等量部分，这部分 M_2 是国内储蓄转移到国外的权利凭证。

数据显示，央行外汇占款从 2006 年末的 84360.81 亿元上升至 2022 年末的 214712.28 亿元，外汇占款占央行资产总规模之比从 40.44% 上升至 51.52%。央行总负债中的其他存款性公司存款从 2006 年末的 48223.90 亿元上升至 2022 年末的 227876.54 亿元，与央行总负债规模之比从 37.50% 上升至 54.68%。从增量角度看，2006 年末至

2022 年末，外汇占款增加 130351.47 亿元，其他存款性公司存款增加 179652.64 亿元。[①]

因此，近年来，央行资产负债表中资产端的外汇占款增加导致的货币投放已被央行通过增加准备金的方式进行了大部分的对冲。虽然外汇占款使创汇主体的存款进而商业银行的负债与 M_2 增加，但在商业银行的资产运用中这笔存款并未完全对应贷款作用于国内实体经济，只起到了对国外资产具有索取权的凭证功能，即商业银行存款（商业银行负债，创汇企业资产）→准备金存款（商业银行资产）→其他存款性公司存款（央行负债）→即外汇占款（央行资产）形成依次索取关系。

与之对应，当外汇占款下降，央行资产收缩时，央行也应该在负债端减少"其他存款性公司存款"，即降低准备金率使商业银行资产端的准备金存款减少以与换汇行为导致的商业银行负债端存款减少相匹配，否则会引起商业银行减少其他资产运用，比如回收贷款以应对存款者的换汇行为，从而影响国内实体经济运行。

面对近年来外汇占款的下降，央行主要采取其他工具，如中期借贷便利、抵押补充贷款等，以补充市场的流动性。例如，自 2014 年 9 月创设 MLF 后，央行 2015 年全年累计开展中期借贷便利操作 2.19 万亿元，以弥补同期 2.91 万亿元外汇占款的减少及其他融资需求；2018 年中期借贷便利全年净投放 1.31 万亿元，2018 年 12 月 19 日，央行决定进一步开展定向中期借贷便利（TMLF），2022 年 12 月 15 日，中期借贷便利"平价超量"续作，净投放 1500 亿元；2015 年，抵

---

① 数据来源：中国人民银行。

押补充贷款的全年净投放为 6981 亿元，2016 年和 2017 年分别净投放 9714 亿元和 6350 亿元，2022 年 11 月，抵押补充贷款单月净投放 3675 亿元，创历史单月净投放量新高。

央行没有通过降准的方式抵消外汇占款的减少，相应缩小其资产负债表，而是依靠增加国内债权的方式维持其资产负债表规模。降准虽然较中期借贷便利、抵押补充贷款等工具更能缩小央行的资产负债表，但也会加大商业银行运用资金的自由度，增加信贷动力，提高货币乘数。因此，中期借贷便利、抵押补充贷款等工具相对降准而言属于稳健型的货币政策。总体而言，近年来，央行通过不断提高准备金率对冲外汇占款增加导致的货币投放，而在外汇占款减少时并未实施对等的反向操作，而是采取了更为谨慎的政策工具，这种应对外汇占款规模变化的非对称性政策措施充分表明央行在努力抑制货币供给的扩张。

总体来看，央行的资产负债表虽然在近年来不断扩张，但央行资产的主要构成部分是外汇占款，负债的主要构成部分是其他存款性公司存款，且两者具有很强的对应关系，即外汇占款导致的货币供给增加在商业银行的资产运用中主要体现为准备金存款。尽管准备金存款会扩大商业银行的存贷差，从而影响实体经济的借贷成本，但就分析我国货币供给而言，准备金存款没有直接作用于国内实体经济，并切断了商业银行通过货币乘数进一步扩张货币供给的机制，使外汇占款对货币供给 M_2 的扩张作用基本限于自身的规模，而且外汇占款与货币供给 M_2 的比例较低，在 2022 年末仅为 8.06%。[①] 另外，即使不存在通过外汇占款增加被动释放基础货币的机制，当实体经济需要借助

---

① 数据来源：根据中国人民银行网站数据计算而得。

新增货币实现产品或要素的让渡时，中央银行也会通过各种途径注入货币以适应这种借贷关系。

由此可见，现实中存在贷款需求是产生货币乘数进而货币扩张的重要前提。显然，当不存在贷款需求时，外汇占款导致的存款增加在商业银行的资产运用中会以超额准备金的形式返回央行，与央行实行完全对冲的作用相同。因此，外汇占款增加并不是我国货币供给扩张的主要驱动力量。

净出口由于未被国内消费，可以看作是国内储蓄流向国外，这一转移过程导致了货币供给的增加，但货币的索取标的不是国内资本，而是用外汇占款所购买的国外资产，例如，运用外汇占款购买的国外债券。外汇占款由净出口累积与外资流入构成，前文分析了净出口对外汇占款及货币供给的影响，下面对外资流入对净出口、货币供给及货币化水平的影响进行探讨，同时也对外汇占款的形成机制及性质做出进一步说明，以纠正国际货币发行国可以通过发行货币无偿占有他国财富的错误认识。

对于我国的高净出口除了高投资与国内需求不足使国内无法吸收过多的产品以外，外资流入也是一个重要原因。外资流入对净出口的影响，主要体现为三个方面。首先，外商直接投资（FDI）对贸易产生互补效应，由于我国的"世界工厂"地位，外商投资企业利用我国廉价的资源，生产的产品大量出口国际市场，导致净出口扩大。其次，外商直接投资对进口存在替代效应，外商投资企业生产的产品在我国销售。同时，外商投资企业也起到了引领、示范作用，推动了我国劳动生产率的提高以及技术进步，有助于用我国生产的产品替代国外商品。以上两方面的共同作用，减少了我国的进口，导致净出口增加。

最后，外商直接投资使贸易顺差迁移，通过设立外商投资企业并出口商品，将原投资国的出口移至我国，扩大了我国的净出口。

关于外资流入对货币供给进而货币化水平的影响，可以从理论上分以下情形加以讨论。

情形一：外资以实物资本的形式进入我国，比如直接将国外的设备运到我国进行生产，这种情况将导致我国本期 GDP 及未来 GDP 的增加，但不会增加外汇占款，也不会影响商业银行的资产负债表及货币供给，因而会降低货币化水平。如果外资首先以货币资本的形式进入我国，换汇之后又用外汇购买国外要素形成资本等同于以实物资本的形式进入我国。

情形二：外资以货币资本的形式进入我国，然后将外币汇兑成人民币购买国内现有的资本，比如机器甲，那么，机器甲的出售方将对外资流入导致的外汇占款具有索取权。假定这笔外汇占款购买了国外的机器乙，那么，这一过程反映的是国外资本与国内资本的互换，即机器甲与机器乙的互换。如果外商通过出售机器甲的方式退出我国，很显然，为了应对其换汇行为，外汇占款运用主体要在国外出售机器乙，这一过程会使国内央行与商业银行的资产负债表恢复到外资进入前的状态。外资以货币资本的形式进入我国，究竟对货币化水平产生何种影响还需要分析机器甲的融资结构。

考虑极端情况，假定机器甲的融资全部来源于银行贷款，那么与贷款相对应的存款对机器甲拥有索取权。机器甲的所有者通过出售机器甲还清贷款，[①]此时，原有存款的索取链条由存款→贷款→机器甲转

---

① 为分析方便，这里假定出售所得款项正好与借贷的本金与利息相等，当然，不相等并不影响分析结论。

变为存款→商业银行库存现金→央行货币发行→外汇占款。当运用外汇占款购买国外的机器乙时，这一索取链条的后端又加上了机器乙。其反映的经济关系是，外商购买机器甲的行为会使原有存款的索取对象由机器甲变为国外的机器乙，不影响货币供给，也不影响国内 GDP（假定机器甲易主后不影响产出），进而不影响货币化水平。另一个极端情况是，原有机器甲所有者并未从银行贷款，全部是自有资金，那么显然会创造出相应的存款，即原有机器甲所有者的存款、商业银行库存现金、央行货币发行、外汇占款、机器乙依次形成索取关系。其反映的经济关系是，原有机器甲所有者由直接拥有机器甲变为以存款的形式间接拥有机器乙。这一过程使货币供给发生变化，但国内 GDP（假定机器甲易主后不影响产出）未发生变化，从而推高货币化水平。

情形三：外资以货币资本的形式进入我国，并通过购买生产要素形成机器甲，那么，机器甲生产要素的出售方最后成为存款主体，此种情形下，存款→商业银行库存现金→央行货币发行→外汇占款→国外的机器乙依次形成索取关系。这种外资流入与运用贷款形成机器甲相同，从而与国内投资对货币供给及货币化水平的影响相同。但与国内投资先有贷款再有存款不同，此时是先有外商的存款，然后是存款主体发生转移，即存款主体由外商变为国内生产要素提供者，反映了国内生产要素所有者用其要素换取了机器乙。

情形四：外资流入我国但是购买虚拟资产，比如二级市场的股票、债券等（如在一级市场购买，等同于情形三），即所谓的热钱。假定购买甲的股票，将增加国内货币供给，即甲持有存款，此种情形下，存款→商业银行库存现金→央行货币发行→外汇占款→国外的机器乙依次形成索取关系。其反映的经济关系是，甲用股票换取国外的机器乙，只是这一交换过程通过了商业银行与央行。其本质与情形二相同，对货币供给及货币化水平的影响也等同于情形二，同样取决于甲原来取得股票的资金来源。

由以上分析可以看出，外汇占款的本质是国内外资产互换的记账凭证，而不是外汇提供国无偿获取他国财富的手段。因为外汇取得国不会将大量外汇以货币的形式持有，即窖藏货币，一般是用外汇换取外汇提供国的资产，即前文提到的机器乙。从逻辑上看，1 美元也可以完成 3 万亿美元的外汇储备，因为 1 美元在循环购买中会不断累积而成外汇占款。

例如，我国无论以净出口还是外资流入取得美元后，一般会购买美国的资产，当美元返流美国，如果利用美元继续购买我国的商品或以外资的形式进入我国，那么，这一过程不断循环反复，很少数量的美元就可以完成规模巨大的外汇占款，也可以说，外汇占款是权利不断交换累积的结果，其本质不是反映了一国持有了多少美元，而是以美元标价的权利。从数据来看，截至 2018 年 12 月末，全球官方外汇储备资产中，美元储备为 6.62 万亿美元，[①] 而美国联邦储备券，即美国的货币发行量为 1.76 万亿美元，[②] 远少于全球的美元外汇储备。

三、净出口对国内生产总值的影响

从出口的角度看，出口推动了国内商品进入国际市场，从而扩大国内生产能力，创造就业，刺激国内企业生产率的提高，提高居民收入。从进口的角度看，进口拉动了国内需求，推动了生产设备的更新

---

① 数据来源：国际货币基金组织官网数据库。
② 数据来源：美联储官网。

与生产能力的提升，也有利于营造竞争性环境，促进国内企业竞争力的提升。

　　总体来说，净出口对国内生产总值的影响主要体现在以下几点：第一，从需求角度看，一方面，净出口是国内生产总值的构成部分，高净出口增加将导致国内生产总值上升。另一方面，净出口也会影响消费、投资，间接推动经济增长。出口对国内消费既有促进作用也有抑制作用。促进作用主要表现为出口可以创造就业，提高劳动收入，进而拉动消费。抑制作用主要表现为消耗国内生产要素，导致国内生产成本提高，推高产品价格，从而降低消费需求。出口对投资的影响基本是正向的，主要是通过拉动需求增长促进投资增加。第二，从供给角度看，高净出口意味着国内储蓄转移到国外，相对降低国内资本存量，当资本产出效率不变时，会相对降低国内生产总值，尽管净出口可以创造国民生产总值。第三，在我国，其他对冲工具不成熟使央行主要采用提高准备金率的方式对冲由高净出口导致的货币供给增加。提高准备金率虽然对于降低货币乘数、抑制货币供给增加效果显著，但是，准备金作为商业银行的资产运用，对应的是央行负债。准备金率越高，商业银行的资产用于实体经济的部分占其负债的比例越小，这会间接提高实体经济的融资成本，从而减少投资需求，对国内生产总值的增加产生不利影响。

　　此外，进出口贸易结构对国内生产总值的变化同样存在影响。改革开放以来，我国主要采取进口先进设备，出口工业制成品的贸易模式，带动了技术进步与贸易加工型企业的高速发展。1980年，我国初级产品占出口总额的比重达50.3%，工业制成品仅占49.7%。随着生产力发展，工业制成品出口比例大幅提升，2022年，我国初级产品出口占比已不足 5%。① 在我国工业制成品对外贸易中，技术密集型产品贸易对资本积累与生产力提高贡献最为显著，因此，应当优化对外贸易结构，降低出口导向政策对劳动密集型产品的依赖，鼓励技术密集型产品的贸易，拉动经济持续增长。

总之，高净出口会导致货币存量 M_2 的增加，但对国内生产总值的影响是双重的，既有促进作用，也有抑制作用。在某一时段内，净出口、货币供给增加与外汇占款增加之间存在依次索取关系，三者数量相等。但随着时间的推移，即使不考虑融资成本上升对国内生产总值的抑制作用，净出口导致的外汇储备不断累积也会使外汇储备对应的货币存量与净出口流量之间的比值越来越大，从而高净出口会在动态上推高货币化水平。另外，由于投资的资金来源并不是全部来源于银行贷款，因而，从流量角度看，同等量投资相比，净出口导致的货币增量更多。从动态角度看，投资累积而成的国内资本存量具有产出能力，会进一步创造国内生产总值，而净出口累积生成的货币由于对应的是国外资本，并未形成国内资本，其产出能力体现为国民生产总值而不是国内生产总值，因而，净出口较投资对货币化水平的推动作用更大。

本章首先分析了我国总需求结构的形成机理，指出，粗放型经济发展模式、经济发展战略、间接融资为主的融资结构等导致了我国的低消费率高投资率。在此基础上，本章分析了高投资与高净出口对货币存量及货币化水平的影响机制，指出高投资通过三个路径影响货币

① 数据来源：《中国统计年鉴》。

化水平。首先，当国内生产总值 GDP 相同时，投资占比过高会使货币存量 M₂ 增加较多；其次，高投资导致的投资效率低下降低了贷款偿还率，使货币虚增，抑制了货币化水平的降低；最后，投资创造出了货币但未形成有效资本，在未来不能带来产出的持续增加，在动态上导致货币化水平持续上升，本章以房地产投资为例，进一步说明了房地产投资及房价上涨对货币化水平的推动作用。在一定时段内，净出口规模与货币存量增加数量相等。但随着时间的推移，净出口累积导致的货币存量与当期净出口创造的国内生产总值之间的比例越来越大，从而高净出口在动态上起到了推高货币化水平的作用。结合消费、投资、净出口对货币存量的影响以及三者所对应的货币存量是否对应国内资本从而是否具有产出能力，本章得出了消费、投资、净出口对于货币化水平的促进作用依次增加的结论。

第四章　投资效率与货币化水平

　　本章通过比较分析资本产出比、投资产出比与增量资本产出比的内涵，选择资本产出比作为衡量宏观投资效率的指标。在此基础上，利用具有代表性国家的国别数据建立变系数面板模型检验资本产出比对货币化水平的影响。然后，通过将资本产出比进行分解，指出资本产出比决定于各产业资本产出比与各产业 GDP 占比。最后，借鉴索罗（Solow）对"卡尔多（Kaldor）事实"进行质疑的方法，将各产业 GDP 占比对整体资本产出比的影响称为"产业间效应"，各产业资本产出比对整体资本产出比的影响称为"产业内效应"，并运用度量模型和分解模型分析这两种效应对整体资本产出比影响力的大小。主要结论是，资本产出比上升会导致货币化水平上升，我国资本产出比对货币化水平的影响更为显著；我国资本产出比的变化主要受"产业内效应"的影响，尤其是 2007 年之后，"产业内效应"更为明显。因此，投资效率下降是自 2007 年以来货币化水平上升的重要原因，这不但反映了我国货币存量与真实资产之间关系的弱化，也意味着近年来货币化水平的变化蕴含了潜在金融风险。

第一节　我国宏观投资效率的测度与比较

目前，学术界最常见的宏观投资效率评价指标主要有资本产出比、投资产出比及增量资本产出比。本节首先用这三个指标测算了我国的宏观投资效率，然后结合各个指标的具体经济含义，指出资本产出比是衡量宏观投资效率更为合适的指标。

一、资本产出比（K/Y）

资本产出比（Capital-output Ratio，K/Y）指当年资本存量与国内生产总值之比，表示每单位产出所需的资本存量。资本产出比是现阶段衡量投资效率最常用的指标，资本产出比越高，意味着单位产出所需的资本存量越多，投资效率越低；资本产出比越低，意味着单位产出所需的资本存量越少，投资效率越高。

关于我国资本存量及资本产出比的测算，研究成果颇为丰富。曾五一和赵昱焜首次以全国经济普查资料为依据估计了基准时点的总资本存量，并利用永续盘存法和历年固定资本形成额，计算了我国资本存量，得出了全国社会固定资产的平均使用年限为 15 年的结论。[①] 刘云霞基于省际分行业固定资产折旧数据，从平均耐用年限的角度，估算了我国 31 个省、自治区、直辖市自 1952 年起的总资本存量和净资本存量。[②] 李治国和唐国兴计算了我国改革开放转型时期的资本产出

---

① 曾五一、赵昱焜：《关于中国总固定资本存量数据的重新估算》，《厦门大学学报（哲学社会科学版）》2019 年第 2 期。

② 刘云霞：《我国省际总资本存量和净资本存量估算研究》，《厦门大学学报（哲学社会科学版）》2023 年第 3 期。

比，指出资本产出比变化有两个阶段：改革开放初期到 1994 年，资本产出比持续下降，平均变化率达 -3.13%，原因是我国转型期的增量改革带来资源配置效率改善；1994 年后，我国资本产出比稳定上升，截至 2000 年的资本产出比年均变化率达到 1.18%，表明随着资本配置效率改善空间的缩小，增量改革似乎已经开始显出"粗放"增长的特征。[①] 吴建军和刘进测算了我国 1978—2014 年的资本产出比，发现资本产出比自 1995 年开始上升，由 1995 年的 2.23 上升到 2014 年的 3.37，尤其是 2008 年以后呈现快速上升的态势，认为产业结构升级以及各产业内资本产出比上升是导致整体资本产出比上升的主要因素。[②] 王维、陈杰、毛胜勇测算了我国 1978—2016 年的资本存量，也得出了资本产出比正处于快速上升阶段的结论。[③]

　　测算资本产出比，必须要有资本存量 K 和国内生产总值 Y 的数据，国内生产总值的数据每年会由国家统计局进行统计公示，但是资本存量的数据没有官方统计，需要运用一定方法进行测算。目前测算资本存量的方法主要是戈登史密斯（Goldsmith）在 1951 年提出的永续盘存法（Perpetual Inventory Method，PIM），永续盘存法采用相对效率几何递减模型将每年的资本流量进行汇总。[④] 其计算公式为：

$$K_t = k_{t-1}(1-\delta_t) + I_t \tag{4-1}$$

　　① 李治国、唐国兴：《资本形成路径与资本存量调整模型——基于中国转型时期的分析》，《经济研究》2003 年第 2 期。
　　② 吴建军、刘进：《中国的高货币化：基于资本形成视角的分析》，《财政研究》2015 年第 12 期。
　　③ 王维、陈杰、毛胜勇：《基于十大分类的中国资本存量估计：1978—2016》，《数量经济技术经济研究》2017 年第 10 期。
　　④ R.W.Goldsmith, "A Perpetual Inventory of National Wealth", *NBER Studies in Income and Wealth*, Vol.14, 1951.

K_t 表示第 t 年的资本存量；K_{t-1} 表示第 $t-1$ 年的资本存量；I_t 表示第 t 年的投资；δ_t 表示第 t 年的折旧率。

运用永续盘存法的公式测算资本存量，需要首先确定以下四个变量的数值：

一是基期资本存量 K_0。永续盘存法的运算实质上是将各年的资本流量进行折旧汇总，需要数据的时间跨度较大，选择的基期时间越早，资本存量测算就越准确。已有文献对基期资本存量的测算进行了许多研究，由于研究方法与数据来源不同，研究结论并不一致。关于1952年的资本存量，具有代表性的核算结果为679亿元[1]、800亿元[2]、1030亿元[3]、2000亿元[4]等。

显然，随着基期资本存量不断折旧以及未来投资逐渐增加，基期资本存量取值对未来资本存量测算的影响将越来越小。因此，只要测算的时间跨度足够大，基期资本存量的选择就不会起到决定性作用。综合考虑，本书选择1952年作为资本存量测算的基期，使用1952年不变价格，并以张军和章元的测算结果，将基期资本存量的值设为800亿元。

二是当期投资 I_t。对于当期投资的指标，现有研究大致分为四类：第一类是生产性积累，即资本的净增加。生产性积累指标不需要进行折旧，主要与物质产品平衡表（System of Material Product Balances, MPS）统计体系相关，但是随着1993年后国民经济核算体系不再公

① 贺菊煌：《我国资产的估算》，《数量经济技术经济研究》1992年第8期。
② 张军、章元：《对中国资本存量K的再估计》，《经济研究》2003年第7期。
③ G.C.Chow, "Capital Formation and Economic Growth in China", *Quarterly Journal of Economics*, Vol.108, No.3, 1993.
④ 何枫、陈荣、何林：《我国资本存量的估算及相关分析》，《经济学家》2003年第5期。

布相关数据，这一指标目前不再使用。第二类是全社会固定资产投资总额，作为生产性积累指标的替代，我国国民经济核算体系自1993年后开始提供全社会固定资产投资总额，但其统计范畴与永续盘存法的投资指标并不完全一致，与国际上的国民经济核算体系（System of National Account，SNA）也不相容。第三类是新增固定资产，虽然采用新增固定资产反映当年投资可以更好地确保当期投资具有生产能力，但是新增固定资产形成周期长，编制价格指数的难度大。第四类是固定资本形成总额，认为固定资本形成总额是对全社会固定资产投资总额调整计算得出的，更符合"投资"的定义。由于本章研究的目的是揭示资本产出比与货币化水平的关系，一方面，由于货币化水平反映的是比值，其分子 M_2 是名义量，因而资本产出比也应选取名义量。另一方面，三次产业的资本形成额数据近年来不再公布，本章分析是资本产出比对货币化水平的趋势性影响，因此，只要固定投资完成额与固定投资形成额在趋势变化一致，采用哪一个指标对研究结论并不产生实质性影响。基于以上考虑，笔者选择名义固定资产投资总额作为当期投资指标。

三是固定资产投资价格指数。我国自1990年后才有固定资产投资价格指数的官方数据。1990年前的价格指数需要采用其他价格指数替代或者是自创价格指数。关于固定资产投资价格指数，1952—1990年的数据笔者借鉴雷辉[①]自创价格指数的研究结果，1991—2019年的数据来源于《中国统计年鉴》，2020年及2021年以CPI指数替代。我

---

① 雷辉：《我国资本存量测算及投资效率的研究》，《经济学家》2009年第6期。

国固定资产投资价格指数的数据见表4-1。

表 4-1　1952—2021 年我国固定资产投资价格指数

年份	固定资产投资价格指数（上年价格 =1）	年份	固定资产投资价格指数（上年价格 =1）	年份	固定资产投资价格指数（上年价格 =1）	年份	固定资产投资价格指数（上年价格 =1）
1952	1	1970	1.000	1988	1.135	2006	1.015
1953	0.988	1971	1.011	1989	1.085	2007	1.039
1954	0.994	1972	1.013	1990	1.080	2008	1.089
1955	0.957	1973	1.001	1991	1.095	2009	0.976
1956	0.997	1974	1.001	1992	1.153	2010	1.036
1957	0.957	1975	1.012	1993	1.266	2011	1.066
1958	1.004	1976	1.007	1994	1.104	2012	1.011
1959	1.083	1977	1.014	1995	1.059	2013	1.003
1960	0.997	1978	1.006	1996	1.040	2014	1.005
1961	0.982	1979	1.022	1997	1.017	2015	0.982
1962	1.073	1980	1.030	1998	0.998	2016	0.994
1963	1.049	1981	1.032	1999	0.996	2017	1.058
1964	0.980	1982	1.023	2000	1.011	2018	1.054
1965	0.967	1983	1.025	2001	1.004	2019	1.026
1966	0.980	1984	1.040	2002	1.002	2020	1.025
1967	1.004	1985	1.072	2003	1.022	2021	1.009
1968	0.965	1986	1.064	2004	1.056	—	—
1969	0.977	1987	1.052	2005	1.016	—	—

　　四是折旧率 δ_t。采用永续盘存法测算资本存量需要估计出一个合理的折旧率，对历年的资本存量进行折旧。已有文献对资本折旧的计算主要有三种模式：一是单驾马车法，代表资本的相对效率在服务期内保持不变；二是直线型法，代表资本的相对效率在服务期内呈直线下降；三是余额递减折旧法，代表资本的相对效率在服务期内呈几何

下降。余额递减折旧法与永续盘存法的实质比较相符，目前研究资本存量测算普遍采用的是余额递减折旧法。因此，笔者采用余额递减折旧法测算折旧率，公式为：

$$d_t = (1-\delta)^t, \ t=0, 1, 2\cdots \qquad\qquad (4\text{--}2)$$

d_t 表示资本存量在第 t 期的相对效率；δ 表示折旧率；t 表示资本存量的服务寿命。

借鉴张军等的研究结果，[①] 用法定残值率替代资本存量的相对效率。一般我国法定残值率为 3%—5%，笔者以中间值 4% 作为资本存量的相对效率取值，即 d_t 为 4%。全社会固定资产投资根据寿命差异分为三类资产：建筑安装工程、设备工器具以及其他类型，三类资产需根据自身不同的使用寿命分别计算折旧率。参考《国有企业固定资产分类折旧年限表》，确定建筑安装工程的折旧年限为 42 年，设备工器具的折旧年限为 20 年，其他类型资产折旧年限为 25 年。将上述数据代入式（4-2），得出建筑安装工程、设备工器具以及其他类型的折旧率分别为 7.38%、14.87% 和 12.08%。关于三类资产在全社会固定资产投资中占的比重，借鉴张家峰的研究成果，[②] 并根据《中国统计年鉴》的数据按照年份加权平均算出三类资产的比重分别为 63.16%、27.14% 和 9.70%。

由此，可以算出我国固定资产投资的年平均折旧率为：

7.38%×63.16%+14.87%×27.14%+12.08%×9.70%=9.87%

根据上述数据以及式（4-1），可以算出我国 1952—2021 年的资

---

① 张军、吴桂英、张吉鹏：《中国省际物质资本存量估算：1952—2000》，《经济研究》2004 年第 10 期。

② 张家峰：《中国储蓄——投资转化效率的实证研究》，中国财政经济出版社 2012 年版，第 139—141 页。

本存量，见表 4-2。

表 4-2　1952—2021 年我国资本存量与国内生产总值

单位：亿元

年份	国内生产总值	资本存量	年份	国内生产总值	资本存量
1952	679.10	800.00	1987	12174.59	19697.66
1953	824.40	824.99	1988	15180.39	24864.16
1954	859.80	877.00	1989	17179.74	28713.98
1955	911.60	899.35	1990	18872.87	32477.67
1956	1030.70	1024.95	1991	22005.63	37709.26
1957	1071.40	1069.17	1992	27194.53	47440.23
1958	1312.30	1298.10	1993	35673.23	67363.48
1959	1447.50	1702.28	1994	48637.45	83780.07
1960	1470.10	2009.56	1995	61339.89	99804.04
1961	1232.30	2012.62	1996	71813.63	116274.79
1962	1162.20	2126.29	1997	79715.04	131294.17
1963	1248.30	2232.03	1998	85195.51	146113.26
1964	1469.90	2269.40	1999	90564.38	160632.16
1965	1734.00	2335.81	2000	100280.14	179039.00
1966	1888.70	2475.36	2001	110863.12	199100.94
1967	1794.20	2566.06	2002	121717.42	222480.72
1968	1744.10	2534.75	2003	137422.03	257507.84
1969	1962.20	2643.72	2004	161840.16	309063.83
1970	2279.70	2933.09	2005	187318.90	356868.19
1971	2456.90	3283.07	2006	219438.47	411448.60
1972	2552.40	3626.10	2007	270092.32	487645.97
1973	2756.20	3940.77	2008	319244.61	603332.89
1974	2827.70	4306.37	2009	348517.74	683424.21
1975	3039.50	4810.81	2010	412119.26	819186.30
1976	2988.60	5234.13	2011	487940.18	1001079.77

年份	国内生产总值	资本存量	年份	国内生产总值	资本存量
1977	3250.00	5697.67	2012	538579.95	1150518.93
1978	3678.70	6245.45	2013	592963.23	1304053.51
1979	4100.45	6915.40	2014	643563.10	1463461.78
1980	4587.58	7730.08	2015	688858.22	1585246.02
1981	4935.83	8535.46	2016	746395.06	1730354.34
1982	5373.35	9387.36	2017	832035.95	1998323.44
1983	6020.92	10368.88	2018	919281.13	2292195.62
1984	7278.50	11853.42	2019	986515.20	2541297.75
1985	9098.95	14221.62	2020	1013567.00	2778358.33
1986	10376.15	16850.71	2021	1149237.00	3005572.74

根据表4-2中每年的资本存量和国内生产总值，可以算出我国1952—2021年的资本产出比，并得出资本产出比的变化趋势图，见图4-1。

图4-1　1952—2021年我国资本产出比

从计算结果及图 4-1 可以看出，我国资本产出比呈上升趋势，由 1952 年的 1.178 上升到 2021 年的 2.615。分阶段看，1952—1960 年的资本产出比变动较小，在 1.0 左右；1960 年开始上升，1962 年出现一个小的峰值达到 1.830，1963—1970 年资本产出比呈现出明显的下降趋势，1971—1997 年有较为明显的上升趋势，1998—2007 年缓慢上升，2008—2020 年快速上升，2021 年有小幅下降。总体上，我国资本产出比在 1952—2021 年呈上升趋势，在 2008 年后快速上升。

二、投资产出比（I/Y）

投资产出比（Investment-output Ratio，I/Y）表示固定资本形成总额占国内生产总值的比重，代表生产一单位国内生产总值所需的投资，实质上指的是投资率。投资产出比越大，表示生产一单位国内生产总值所需的投资越多。通过比较资本产出比和投资产出比，可以发现两个公式只是分子不同。从数量上看，由于资本存量 K_t 是投资 I_t 的累计值，因而两者之间存在密切的关系。

对投资产出比的解读有两种。一是投资产出比的大小和变动趋势可以直接衡量投资效率，投资产出比的倒数表示每单位投资带来的产出大小，投资产出比越高说明投资效率越低，投资产出比上升过快说明可能出现了"过度投资"现象。二是不能根据投资产出比的高低来评价投资效率。这是因为，一个国家在经济起飞阶段，投资产出比即投资率的上升是工业化进程中的必然现象，并非投资效率低下的表现。显然，投资率作为衡量总需求结构的指标，与一国的发展阶段、经济增长模式、人口年龄结构、收入分配格局等密切相关，因而用投资率反映投资效率需要联系特定的背景。在现有文献中，往往结合投资率论证投资效率，而把投资率作为投资效率的衡量指标的研究相对较少。

根据固定资本形成总额和国内生产总值的数据，可以算出 1952—2021 年我国投资产出比的数据，见图 4-2。

图 4-2　1952—2021 年我国投资产出比

从图 4-2 可见，同资本产出比类似，投资产出比在 1952—2021 年呈上升趋势。但如前文所述，对于投资产出比能否很好地衡量投资效率要辩证看待，一个经济体的投资率受多种因素的影响，其高低不一定能够充分科学地反映投资效率。一般来说，如果某个经济体长期保持高投资率很可能会导致资本相对于其他生产要素过多，或缺乏明显技术进步情形下的重复投资不能提高其他生产要素的运用效率，从而会导致投资效率下降。从这个意义上讲，高投资率在特定条件下是影响投资效率的重要因素。

三、增量资本产出比（ICOR）

增量资本产出比（Incremental Capital-output Ratio，ICOR）指当年投资与当年新增国内生产总值的比值，也称为边际资本产出比，表示增加单位产出需要的资本增量。增量资本产出比上升说明增加单位总产出需要的投资数量增加，意味着投资效率下降。其计算公式为：

$$ICOR = \Delta K / \Delta GDP = I / \Delta GDP \qquad （4-3）$$

ΔK 表示资本增量即当年投资额；ΔGDP 表示当年国内生产总值的增加量。

根据投资额和国内生产总值可以算出 1953—2021 年我国的增量资本产出比，并得出增量资本产出比的变化趋势图，见图 4-3。

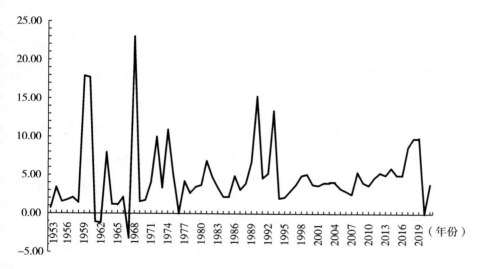

图 4-3　1953—2021 年我国增量资本产出比

注：图中未显示异常的数据，例如，2020 年的数据为 184.77。

由计算结果及图 4-3 可见，我国增量资本产出比总体上波动性较强，趋势较为平缓，在 1959 年、1960 年、1968 年、1990 年及 1993 年、2020 年分别出现峰值。

四、投资效率指标的选择

从资本产出比、投资产出比和增量资本产出比的计算公式来看，三个指标之间具有相关性，但是资本产出比对投资效率的衡量效果优于另外两个指标。投资产出比是投资率的衡量指标，其高低反映了一个经济体的总需求结构，总需求结构与特定的发展阶段有关，不能通过投资产出比的高低从纵横向对比的角度判断投资效率的高低。因此，尽管投资产出比是影响投资效率的一个重要因素，但其本身并不是衡量投资效率的合适指标。用增量资本产出比衡量投资效率的缺陷也十分明显。由于增量资本产出比反映的是投资与增量国内生产总值之比，但在实际经济运行中，国内生产总值的增加既受投资的影响，也与原有资本存量的利用程度有关。

从经验上看，在投资率高的年份，增量资本产出比往往会呈现下降的趋势，而在投资率低的年份，往往会呈现上升的趋势，这看似不符合边际收益递减规律，与常识相违背。但深入分析可以发现，投资率高的年份一般意味着经济处于上行周期阶段，产能被更充分的利用，导致国内生产总值增加，从而增量资本产出比下降。而在投资率低的年份，一般意味着经济处于下行周期阶段，往往伴随着更多的存量资本被闲置，存量资本闲置导致的产出减少也归于了新增资本，所以导致增量资本产出比上升，因而增量资本产出比与经济周期及波动存在密切的联系。

例如，在2020年，增量资本产出比达到了184.77，究其原因，受新冠疫情的影响，国内生产总值大幅下降，导致增量资本产出比大幅上升。但是，此时的增量资本产出比的上升或效率的下降更多的归因于存量资本的闲置，而不是新增投资缺乏效率。同理，这也可以解释某些年份的增量资本产出比为负值的情形，因为无论从理论还是实践看，新增资本对国内生产总值的贡献不可能为负，显然是原有资本存量被大量闲置导致的产出减少被误认为是新增资本的结果。因此，增量资本产出比的这一缺陷以及相对于资本产出比而言较大的波动性，使其在衡量投资效率方面不及资本产出比。

一些学者认为，由于资本产出比的大小会与国家的投资习惯、储蓄习惯和发展阶段相关，因而资本产出比不能代表一个经济的投资效率。樊潇彦和袁志刚以索洛（Slow）—斯旺（Swan）模型为分析框架，对资本产出比进行了深入分析，结果显示资本产出比变动与一国的投资效率不存在确定联系。[1]但也有学者指出，资本产出比能够从两方面衡量一国投资效率：一方面，资本产出比可以衡量投资效率的高低及变动趋势；另一方面，资本产出比可以反映生产过程中资本投入与产出的比例关系。[2]

当然，资本产出比并不能准确刻画投资效率，因为资本产出比的变动也会受到产业结构变动的影响，即经济研究中的多因一果问题。由于不同产业的资本有机构成不同，一般而言，高级产业相对于低级产业的资本有机构成更高，资本占用量更大，从而高级产业相对于低级产业而言具有更高的资本产出比。当一国产业结构升级明显，高级产业占比增加时，会呈现出资本产出比上升，这显然不意味着宏观投资效率的下降。因此，可以通过将资本产出比的变动分解为"产业间效应"与"产业内效应"以剔除产业结构升级对资本产出比变动的影

---

[1]　樊潇彦、袁志刚：《我国宏观投资效率的定义与衡量——一个文献综述》，《南开经济研究》2006 年第 1 期。

[2]　张家峰：《中国储蓄——投资转化效率的实证研究》，中国财政经济出版社 2012 年版，第 151 页。

响，运用"产业内效应"判断投资效率的变化。也就是说，如果一个经济体的资本产出比是由产业结构升级导致的（产业间效应），则表明资本产出比的上升不意味着投资效率下降；相反，如果是由各产业内资本产出比上升导致的（产业内效应），则表明投资效率下降。基于这种分析方式，笔者认为，相对于投资产出比与增量资本产出比，用资本产出比衡量宏观投资效率具有较强的科学性。

第二节　资本产出比对货币化水平的影响

一、资本产出比影响货币化水平的理论分析

在现实中，经济主体以不同的形式对经济资源行使"所有权"，这里的"所有权"是广义的，既包括股权、债权，也包括更为复杂的权利结构。反过来讲，任何经济资源在形成过程中，因为有不同的资金来源，也会体现为不同的融资结构，从而显示出经济主体对经济资源的不同索取权或索取关系。显然，在以直接融资为主的国家，经济主体对经济资源的索取方式主要体现为股票、债券等，这里的股票、债券也是广义的，并不仅限于在公开市场流通的股票、债券，也包含没有在公开市场流通的股权或债权。而在间接融资模式下，经济主体则是以银行存款的形式对经济资源体现"所有权"。因此，在以直接融资为主的国家，股票、债券的规模相对较大，在以间接融资为主的国家，由于存款是货币存量的主要构成部分，导致货币存量相对较大。

回顾本书第一章中提出的货币需求公式（1-1）：$M_2 = \dfrac{b}{a} K$，系数 a 代表货币存量中对应资本存量 K 的部分。a 值处于 0 与 1 之间，表

明并非所有的货币存量都对应于资本存量 K，而是部分货币具有其他功能，比如流通中的现金与活期存款主要执行交易功能；有的存款主体本身就是贷款主体，例如，货币乘数中提到的贷款方将贷款存入银行产生的存款，这种形式的存款代表虚假的债权债务关系，因为自己的存款对应自己的贷款，并没有对应相应的资本存量。再例如，由外汇占款导致的存款是与国外资产形成索取关系，不对应国内资本存量。还有一部分存款虽然对应相应的资产，但不对应资本存量，例如，住房按揭贷款对应的存款，虽然住宅在国民经济核算中部分地计入了投资，但并不包括在资本存量之内。当然，还有其他情形使 a 值的大小有所差异。总体来看，a 值大小与总需求结构存在一定的关系，总需求结构及投资的内部结构是决定 a 值大小及变化的重要因素。

b 代表间接融资比例，b 值同样处于 0 与 1 之间，表明资本存量的资金来源不只限于银行贷款，还有股权以及以债券为主要形式的债权等。因而，b 值的大小与融资结构密切相关。

货币需求公式（1-1）只揭示了货币存量与资本存量的关系，该式两端同除以 GDP，则表明，M_2/GDP 与 K/GDP 存在正向关系。从图4-4 中 M_2/GDP、$(M_2-M_1)/GDP$ 及 K/GDP 的变化趋势可以发现，从改革开放初期到 20 世纪 90 年代末，资本产出比较稳定，大致在 1.6 至 1.7 之间波动，但 M_2/GDP、$(M_2-M_1)/GDP$ 则出现同步上扬。而在 20 世纪 90 年代末以来，M_2/GDP、$(M_2-M_1)/GDP$ 及 K/GDP 的变化趋于一致，尤其是 2007 年以后，三者的变化趋势呈现出同步急骤上升的态势，这与政府加大投资力度以启动经济、扩大内需的政策基本相符，在间接融资为主的融资模式下，投资扩张使货币存量增加的同时，也伴随着投资效率下降导致的资本产出比快速上升。通过图 4-4

还可以发现，K/GDP 与（M_2-M_1）$/GDP$ 的上升趋势更具一致性，原因是间接融资使准货币承担了对现实资本存量行使索取权的职能，准货币（M_2-M_1）较货币存量 M_2 与资本存量 K 之间存在更为确定的对应关系。

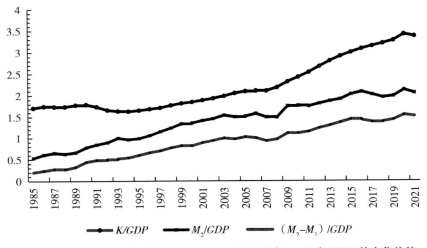

图 4-4　1985 年以来我国 M_2/GDP、K/GDP 及（M_2-M_1）/GDP 的变化趋势

　　需要注意的是，随着时间的推移，资本产出比与货币化水平两条曲线之间的距离基本保持不变。那么，由简单的数学推导可以得出，b/a 的值越来越大，由于近年来我国的融资结构并未发生根本性的变化，因而 b/a 的上升主要是由 a 的下降导致的。这也意味着，没有对应资本存量的货币越来越多，这与资金"空转"及房地产贷款占贷款余额的比例过高有关，从而金融业去杠杆及对房地产业进行调控不但可以降低货币化水平，更重要的是降低金融风险，因为如果大量货币未对应具有产出能力的资本存量，那么货币就具备了真正意义上的"虚拟性"，其风险显然会加大。

二、资本产出比影响货币化水平的跨国面板数据检验

（一）变量、样本与数据

为了检验资本产出比对货币化水平的影响，笔者建立国别面板模型进行实证分析，变量包括资本产出比、货币化水平，选取的样本国家包括中国、越南、南非、美国、澳大利亚、巴西、智利、丹麦、阿尔及利亚、埃及、阿根廷、印度、以色列、墨西哥、挪威、新西兰、菲律宾、波兰、俄罗斯、瑞典、土耳其等 21 个国家，数据主要来源于世界银行，时间跨度为 1996—2021 年。

关于具体的变量与数据处理，货币化水平直接使用世界银行公布的各国货币存量 M_2 和国内生产总值 GDP 的数据计算得出各国的 M_2/GDP 水平，资本产出比还需要各国资本存量数据。考虑到各国资本存量数据没有官方的获取来源，本部分继续采用永续盘存法测算 1996—2021 年各国资本存量，具体计算过程与本章第一节计算我国资本存量类似，不同之处在于折旧率的处理和基期资本存量的确定。首先，关于国外资本存量的折旧率，借鉴豪（Hall）和琼斯（Jones）在研究 127 个国家资本存量时采用的折旧率 6%，[1] 考虑到发达国家和发展中国家在资本利用效率上的差异，将二者的折旧率分别设定为 5% 和 10%；其次，关于外国基期资本存量的计算，参考单豪杰的方法，[2] 用 1996 年的资本形成总额比上折旧率与固定资产投资年平均增长率之和来估算 1996 年的各国资本存量。

---

[1]　R.E.Hall&C.I.Jones, "Why do Some Countries Produce So Much More Output Per Worker Than Others?", *The Quarterly Journal of Economics*,Vol.114, No.1, 1999.

[2]　单豪杰：《中国资本存量 K 的再估算：1952—2006 年》，《数量经济技术经济研究》，2008 年第 10 期。

通过 21 个国家 K/GDP 与 M_2/GDP 的时间走势图可以发现，大部分国家的 K/GDP 与 M_2/GDP 都呈现上升的趋势，只是在我国，这两个数值明显高于其他国家且呈现上升趋势。为了进一步判断 K/GDP 与 M_2/GDP 之间的实证关系，分析中外 M_2/GDP 存在差异的原因，下面构建国别面板模型进行实证分析。变量的描述性统计见表 4-3。

表 4-3　变量的描述性统计

变量		均值	标准差	最小值	最大值	观察值
K/GDP	综合	1.955886	0.5169198	0.5835465	4.402988	N=546
	组间		0.3338665	1.552612	2.680141	n=21
	组内		0.4010641	0.6887551	3.678733	T=26
M_2/GDP	综合	0.6904702	0.3264587	0.000	2.118916	N=546
	组间		0.2855233	0.2784687	1.65996	n=21
	组内		0.1696802	−0.1368275	1.314946	T=26

（二）模型检验与估计

1. 面板单位根检验

在建模之前需要对各变量进行面板单位根检验来验证数据是否平稳，本部分分别使用 LLC 检验与 ADF-Fisher 检验来验证面板数据的平稳性，面板单位根检验结果见表 4-4。检验结果表明，K/GDP 与 M_2/GDP 这两个变量均不存在单位根。

表 4-4　面板单位根检验结果

变量	LLC 检验		ADF-Fisher 检验	
	包含时间趋势	不包含时间趋势	包含时间趋势	不包含时间趋势
K/GDP	−1.9639**	−1.9882*	31.1575	122.2162***
M_2/GDP	−1.6098 *	−1.1670	63.9137 **	41.4564

注：*、**、*** 分别表示在 10%、5%、1% 的显著性水平下拒绝存在单位根的原假设。

2. 模型设定

由本节理论部分可知，K/GDP 对 M_2/GDP 的影响程度取决于 b/a，即间接融资比例 b 与货币存量中对应资本存量的部分 a 之比。在国际样本中，各国的 b/a 显然存在差异，这就意味着面板数据模型在每个组间的回归系数是不相同的，如果采用常系数模型进行估计，势必会产生严重的估计偏差。因此，在分析各国 K/GDP 对 M_2/GDP 的影响差异时，采用面板随机系数模型（Random-coefficients Regression）更为合理。

面板随机系数模型可以表示为：

$$Y_{it} = X_{it}\beta_i + u_{it} \quad i = 1, 2, \cdots, n; t = 1, 2, \cdots, T \qquad （4-4）$$

其中，公式（4-4）中的 Y_{it} 和 X_{it} 表示被解释变量和解释变量的矩阵，β_i 表示随机系数。

基于本节的理论分析，将货币化水平 M_2/GDP 作为被解释变量，资本产出比 K/GDP 作为解释变量，系数是间接融资比例 b 与货币存量中对应资本存量的部分 a 之比，尝试构建如下的面板随机系数模型：

$$\frac{M_2}{GDP_{it}} = C_i + \gamma_i \frac{K}{GDP_{it}} + u_{it} \qquad （4-5）$$

其中，公式（4-5）中的 i 表示国家，t 表示年份，C_i 为截距项。

由于面板数据存在两维特征，实证中模型选择的正误决定了参数估计的有效性。面板模型在系数设定方面分为混合估计模型、常系数变截距模型和变系数模型，在分析前首先要对模型的设定形式进行检验，以验证变系数模型在实证上是否合理，因而采用协方差分析来检验如下两个假设：

H_1：模型中截距项和斜率在横截面和时间样本点是相同的。

H_2：模型中截距项在横截面和时间样本点是不同的，而斜率是相同的。

如果接受假设 H₁，则可以认为模型为混合估计模型，无须进行进一步的检验。如果拒绝假设 H₁，则需检验假设 H₂。如果接受 H₂，则认为模型为变截距模型，反之拒绝 H₂，则认为模型为变系数模型。

假设检验的 F 统计量为：

$$F_1 = \frac{(S_3 - S_1)/[(N-1)(k+1)]}{S_1/[NT - N(k+1)]} \sim F\left[(N-1)(k+1), N(T-k-1)\right] \quad （4-6）$$

$$F_2 = \frac{(S_2 - S_1)/[(N-1)k]}{S_1/[NT - N(k+1)]} \sim F\left[(N-1)k, N(T-k-1)\right] \quad （4-7）$$

其中，公式（4-6）与公式（4-7）中的 S_1 为变系数模型的残差平方和，S_2 为变截距模型的残差平方和，S_3 为不变参数模型的残差平方和。

由检验结果得出结论，可以建立面板随机系数模型。

3. 模型估计结果

基于面板随机系数模型理论，以及相应的 GLS 估计方法，对1996—2021 年不同国家 K/GDP 对 M_2/GDP 的影响进行随机系数估计，具体估计结果见表 4-5 和图 4-5。

表 4-5　K/GDP 对 M_2/GDP 的影响的随机系数估计

国家	系数 γ（即 b/a）	Z 值
K/GDP	0.360***	5.19
截距	−0.017	−0.14
中国	0.518***	22.92
越南	0.648***	12.98
南非	0.198***	6.59
美国	0.952***	8.21
澳大利亚	0.993***	10.81
巴西	0.535***	24.87

续表

国家	系数 γ（即 b/a）	Z 值
智利	0.377***	5.46
丹麦	0.285***	4.19
阿尔及利亚	0.179***	11.73
埃及	0.143	1.24
阿根廷	0.017	1.42
印度	0.236***	28.41
以色列	0.183	1.27
墨西哥	0.101***	7.38
挪威	0.248***	8.10
新西兰	0.358**	2.31
菲律宾	0.117	1.02
波兰	0.503***	9.11
俄罗斯	0.208***	4.38
瑞典	0.597***	16.29
土耳其	0.158***	8.77

注：*** 表示在 1% 的水平下显著，** 表示在 5% 的水平下显著。

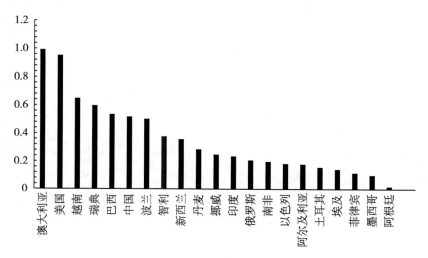

图 4-5　不同国家 γ（即 b/a）对比

从表 4-5 和图 4-5 可以看出，1996—2021 年各国 K/GDP 对 M_2/GDP 的影响：（1）各国 K/GDP 对 M_2/GDP 的影响系数 b/a 均为正值。即各国资本产出比上升都会导致货币化水平上升。（2）我国资本产出比对货币化水平的影响程度在 21 个国家内处于较高水平，达到 0.518。（3）发达国家中美国、澳大利亚两国的资本产出比对货币化水平的影响相比于其他国家更高，分别达到了 0.952、0.993。（4）发展中国家越南、巴西、中国、波兰 4 个国家资本产出比对货币化水平的影响程度远高于其他 10 个国家。（5）发达国家资本产出比对货币化水平的影响程度高于发展中国家。样本内共有发展中国家 14 个，包括中国、越南、南非、巴西、智利、阿尔及利亚、埃及、阿根廷、印度、墨西哥、菲律宾、波兰、俄罗斯、土耳其，系数 b/a 平均值达 0.28；发达国家 7 个，包括美国、澳大利亚、丹麦、以色列、挪威、新西兰、瑞典，系数 b/a 平均值达 0.52。

由于我国资本产出比对货币化水平的影响较大，下文分析资本产出比的决定，并对我国资本产出比做定量分解，以揭示资本产出比变化的原因。

第三节　资本产出比的决定

资本产出比的大小及变动趋势会受到产业结构变动与各产业资本产出比的影响。从国民经济三次产业的角度看，用 K 代表资本存量，K_1、K_2、K_3 分别代表三次产业各自的资本存量，Y_1、Y_2、Y_3 代表各次产业的增加值，则有以下经济关系：

$$K = K_1 + K_2 + K_3$$

$$GDP = Y = Y_1 + Y_2 + Y_3$$

则：

$$\frac{K}{GDP} = \frac{K_1 + K_2 + K_3}{Y} = \frac{K_1}{Y} + \frac{K_2}{Y} + \frac{K_3}{Y} = \frac{K_1}{Y_1} \times \frac{Y_1}{Y} + \frac{K_2}{Y_2} \times \frac{Y_2}{Y} + \frac{K_3}{Y_3} \times \frac{Y_3}{Y}$$

即：

$$\frac{K}{GDP} = \sum_{i=1,2,3} \frac{K_i}{Y_i} \times \frac{Y_i}{Y} \qquad\qquad (4-8)$$

从式（4-8）可以看出，整体资本产出比决定于各产业的资本产出比与各产业的 GDP 占比。

一、我国三次产业结构的变动趋势

三次产业分类法是现行最普遍的产业结构分类方式。第一产业的产品主要从自然界中直接获取，最大的特征是经济再生产与自然再生产交织在一起；第二产业的产品主要是通过对自然产品和原料的加工而产生的；第三产业的主要产品是服务。三次产业分类法与社会分工发展的进步历程是相符的：在人类发展的初期，即从原始社会一直到资本主义前期人类劳动主要集中在农业和畜牧业上；到人类社会发展第二阶段，即工业大规模发展时期，人类劳动开始集中于矿业、制造业以及建筑业等；到了人类活动的第三阶段，生产要素开始向贸易、金融、运输、通信等以"服务"为主的第三产业转移。三次产业产值占国内生产总值的比重直接反映了国民经济产业结构的变动趋势，新中国成立以来，我国的产业结构一直处于不断变动之中，我国三次产业结构变动的总体趋势见图 4-6。

（单位：%）

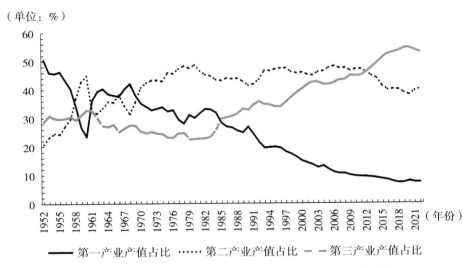

图 4-6　1952—2022 年我国三次产业产值结构的变动趋势
资料来源：2010—2022 年《中国统计年鉴》《新中国六十五年统计资料汇编》。

从图 4-6 可以看出，第一产业产值占比在 1952—2022 年间呈现明显的下降趋势，尤其是 1978 年改革开放后第一产业占比的下降趋势更加显著。第一产业产值在 1952 年占比 50.5%，是我国的主导产业，而到了 2022 年第一产业产值占比仅有 7.3%，下降幅度达到43.2%。第二产业发展波动较大，特别是改革开放之前第二产业发展增长迅速，呈现明显的上升趋势，由 1952 年的 20.8% 上涨到 1980 年的 48.4%，成为我国的主导产业；1980—2006 年第二产业产值占比的变动较小，处于较为稳定的阶段；2007—2022 年第二产业开始呈现下降趋势，从 2007 年占比 47.2% 下降到 2022 年占比 39.9%。第三产业产值占比在 1952—2017 年总体上呈现不断上升趋势，与第一产业产值占比变动大致相反；1952—1961 年第三产业产值占比有过缓慢的上升，1961—1982 年第三产业产值占比呈现逐步下降的趋势，由 1961 年占比 32.7% 下降到 1980 年占比 22.5%；1980 年后第三产业产值占比迅速增长，由 1980 年的 22.5% 上升到 2022 年的 52.8%，增长幅度达到 30.3%，成为我国的主导产业。

　　1952—2022 年我国的三次产业结构经历了较大的变动。20 世纪 50 年代初期，我国属于典型的传统农业大国，一直到 1970 年第一产业产值在国民经济中占据主导地位。20 世纪 70 年代我国产业结构布局表现不合理，第二产业比重过高，第一产业劳动力迅速向第二产业转移，第三产业发展不足。应现代化经济发展的要求，改革开放以来，国家采取一系列改革措施，推动农业集中化、现代化，淘汰工业中的落后产能，并大力推动第三产业的发展。1980 年后，第三产业产值占比开始稳步上升，2012 年第三产业产值占比首次超过第二产业，成为我国的主导产业，第一产业和第二产业呈现持续下降的趋势。随着三次产业结构的不断调整，我国逐渐进入工业化后期的发展阶段，第二产业与第三产业共同作用于国民经济发展。但从总体来看，我国各产业 GDP 占比与发达国家和地区还存在一定的差异，第二产业的占比仍然较大，产业结构还有很大的优化升级空间。

二、我国三次产业的资本产出比

　　鉴于三大产业的固定资本形成总额并未公布，笔者使用固定资产投资完成额作为公式（4-1）中当期投资 I_t，并根据永续盘存法计算得到的三次产业的资本存量，进而得到 1980—2022 年我国三次产业的资本产出比，依据具体计算结果，我国三次产业资本产出比的变动趋势见图 4-7。

　　通过计算结果和图 4-7 的分析可以看出，1980—2022 年第一产业的资本产出比呈现出缓慢上升的趋势，由 1980 年的 0.17 上升到

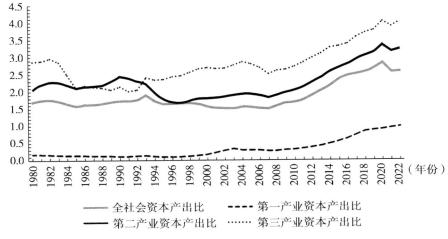

图 4-7　1980—2022 年我国三次产业资本产出比变动趋势

2022 年的 0.97。第二产业的资本产出比变动情况可以分为三个阶段：1980—1990 年处于上升阶段，由 2.07 上升到 2.44，1991—2007 年处于下降阶段，由 2.40 下降到 1.49，2008 年后第二产业的资本产出比出现快速上升，由 2008 年的 1.57 上升到 2020 年的 2.82，至 2021 年有小幅下降，2022 年又再次回升。第三产业的资本产出比变动大致可分为四个阶段：1980—1991 年处于波动下降趋势，由 1980 年的 2.87 下降到 1991 年的 2.01，1992—2004 年第三产业资本产出比出现上升的态势，2005—2007 年出现快速下降的态势，2008 年后第三产业资本产出比出现稳定上升的趋势，至 2021 年有所下降，随后又再次上升。

从三次产业资本产出比的比较来看，第一产业的资本产出比很小，虽然 2008 年后第一产业资本产出比略有上升，但是仍然远低于第二、三产业的资本产出比。第二产业资本产出比在 1980—1997 年均高于整体的资本产出比水平，不过在 1998 年后逐渐低于整体资本产出比水平。第三产业的资本产出比始终高于整体资本产出比水平，从而是拉高整体资本产出比的重要因素，但近年来，第三产业资本产出比与整体资本产出比之间的差距逐渐缩小。总体来看，三次产业资本产出比和整体资本产出比近十几年来上升趋势明显，反映了我国投资效率不断下降的事实。

三、整体资本产出比上升的原因分析

马克思在社会资本再生产理论中，将社会总产品的价值分为三个部分：包含在产品中生产资料的转移价值，即不变资本 C；凝结在产品中无差别的人类劳动价值，即可变资本 V；以及由工人在剩余劳动时间内创造的价值，即剩余价值 M。

根据马克思的资本有机构成理论，从价值角度看资本是由不变资本（C）与可变资本（V）构成的，两者的比例为资本的有机构成（C/V）。结合生产函数 $Y=F$（A，K，L），可以发现生产函数与资本有机构成理论是相互对应的，其中，资本有机构成中的不变成本 C 对应生产函数中的资本投入 K，可变资本 V 对应生产函数中的劳动力投入 L，资本有机构成 C/V 对应于资本劳动比 K/L。

不同产业具有不同的资本有机构成。第一产业主要包括农业、林业、渔业、畜牧业等。第一产业属于劳动密集型产业，尽管引进机械代替了部分人工劳动，但是，我国的第一产业并未完全实现现代化，仍以粗放的传统农业发展模式为主，相对于第二三产业，具有少资本投入、多劳动力的特点。第二产业主要包括工业，相比于第一产业，对生产资料的需求比较大，例如土地、厂房、设备等，从而资本有机构成较高。第三产业主要是服务业，近年来，国家对第三产业的大力扶持，对第三产业的资本投入力度越来越大，在第三产业上形成了大

量资本，提高了第三产业的资本有机构成。

产业结构升级必然会导致整体资本有机构成的提高，进而使资本存量与劳动力之比上升，即 K/L 上升。由于第一产业资本有机构成较低，因此，随着产业结构升级，第一产业 GDP 占比逐渐下降，将导致总体资本产出比上升，也就是说，当第一产业 GDP 占比下降、第二三产业 GDP 占比逐渐上升时，会在一定程度上导致整体资本产出比的上升，这也是经济发展的阶段性特征。

发达国家的资本产出比之所以恒定，主要原因是在产业结构升级、高级产业 GDP 占比上升时，虽然高级产业的资本产出比相对较高，但能够通过有效的制度安排或技术创新使各产业资本产出比下降，抑制了高级产业资本产出比相对较高对整体资本产出比的影响。在我国，由于技术创新相对不足及市场机制不完善等原因，大量资本沉淀在生产能力过剩的产业领域，导致在产业结构升级过程中未能有效降低各产业的资本产出比。

随着我国经济的发展，特别是自 2007 年以来，第二三产业的资本产出比急剧上升，产业内出现了大量产能过剩、投资效率低下的企业。周劲和付保宗对我国工业领域内产能过剩表现特征的研究表明，工业领域产能过剩发生的频度相对较高，轻工行业呈现较明显的"结构性产能过剩"特征，重化工业呈现较明显的"体制性产能过剩"特征。[①] 也有学者对我国的产能过剩问题展开了更为细致的研究。从产业角度看，有学者指出，我国 1999—2008 年重工业和轻工业 28 个行

---

① 周劲、付保宗：《产能过剩的内涵、评价体系及在我国工业领域的表现特征》，《经济学动态》2011 年第 10 期。

业中有 7 个产能过剩行业，并且大部分属于重工业领域。[①] 也有研究表明，1998—2008 年，我国 35 个工业行业中有 42.8% 的行业存在不同程度的产能过剩问题。[②] 从产能过剩的演变趋势看，相关研究表明，产能过剩从低端、局部性过剩转变为高端、全局性过剩，产能过剩范围由传统行业扩大到新兴高科技产业。[③] 另外，也有学者利用协整法对 2001—2012 年我国 30 个省（自治区、直辖市）的工业产能利用率进行了测度，结果表明我国已经出现地区层面的普遍产能过剩。[④]

产能过剩的企业不仅投资效率低下，而且占用了大量的资源。国有企业在预算软约束及破产清算成本较高的情形下，更有动力也可以更便利地通过银行贷款或资本市场获得资金，抑制了资金进而资源向民企或其他投资效率较高的企业流动，经济资源得不到有效配置。去产能和去杠杆在本质上就是要打破"僵尸企业"预算软约束，要求根据市场原则将资源配置到效率更高的领域。有研究指出，政府基于"促增长、增税收和稳就业"的目标，所采取的政策往往会扭曲企业的真实成本，降低企业的投资风险，助长企业的过度投资行为，导致市场优胜劣汰机制难以发挥效应，形成企业"进得来出不去"的局面。[⑤] 也有研究认为，企业一旦停产或退出将导致其所拥有专用性资产的巨大损失，企业专用性资产投资的比重越高，企业退出面临的损失越大，因而企业宁可闲置部分资产，维持低效产能，也不

---

① 韩国高、高铁梅、王立国、齐鹰飞、王晓姝：《中国制造业产能过剩的测度、波动及成因研究》，《经济研究》2011 年第 12 期。

② 沈坤荣、钦晓双、孙成浩：《中国产能过剩的成因与测度》，《产业经济评论》2012 年第 12 期。

③ 李晓华：《后危机时代我国产能过剩研究》，《财经问题研究》2013 年第 6 期。

④ 程俊杰：《转型时期中国产能过剩测度及成因的地区差异》，《经济学家》2015 年第 3 期。

⑤ 吴建军：《中国储蓄投资转化与经济结构转型》，湖北人民出版社 2017 年版，第 208 页。

愿意退出，[①] 以上种种原因使资本产出比难以下降。

第四节　资本产出比的分解

前文可知，我国资本产出比对货币化水平的影响较大，而且整体资本产出比的变动决定于各产业资本产出比和各产业 GDP 占比。因此，有必要对整体资本产出比进行分解，以探究整体资本产出比上升是结构原因还是效率原因，从而为近年来我国货币化水平上升提供合理解释。各产业 GDP 占比对整体资本产出比的影响称为"产业间效应"，反映了整体资本产出比变化的结构因素。各产业资本产出比对整体资本产出比的影响称为"产业内效应"，反映了整体资本产出比变化的效率因素。为了精确地衡量这两种效应影响的权重，本节将运用度量模型和分解模型进行分析。其中，度量模型主要用来度量整体资本产出比的变动，分解模型则用来衡量各产业资本产出比和各产业 GDP 占比这两个因素变化对整体资本产出比变化的影响大小。

一、度量模型

度量模型的设定借鉴索罗对"卡尔多事实"[②] 进行质疑的方法，该方法近年来被频繁采用。在已有研究的基础上，笔者对该方法进行了重新整理，将整体资本产出比实际序列的变动称为"实际变动"，用

① 谢彦明、汪戎、纳鹏杰：《资产锁定与企业产能过剩——来自 2008—2015 年中国制造业上市企业的证据》，《现代经济探讨》2017 年第 7 期。
② "卡尔多事实"是指从长期来说经济增长具备以下特征：人均产出增长率、资本产出比、资本的实际回报率以及国民收入在劳动和资本之间的分配等都大致稳定不变。

其标准差 σ 表示。整体资本产出比（KY）是各产业内的资本产出比（KY_i）的加权平均，权重是各个产业增加值在 GDP 中所占的比重（W_i），具体公式如下：

$$KY_t = \sum_{i=1,2,3} W_{it} \times KY_{it} \qquad (4\text{-}9)$$

式（4-9）中，KY_t 表示 t 年的整体资本产出比，KY_{it} 表示 t 年第 i 产业的资本产出比，W_{it} 表示 t 年第 i 产业增加值在 GDP 中所占的比重。

从式（4-9）可以看出，整体资本产出比的变动，是各产业 GDP 占比变动与各产业资本产出比变动共同作用的结果。为了分别度量两者作用大小，进行如下处理：

首先，假定各产业 GDP 占比保持在基年状态，在资本产出比实际序列的基础上，构造"各产业 GDP 占比"序列，计算方法如下：

$$KY_{t(Wbase)} = \sum_{i=1,2,3} w_{i,base} \times KY_{it} \qquad (4\text{-}10)$$

式（4-10）中，$KY_{t(Wbase)}$ 表示各产业 GDP 占比不变情况下 t 年整体的资本产出比，KY_{it} 表示 t 年第 i 产业的资本产出比，$w_{i,base}$ 表示基年第 i 产业增加值在 GDP 中所占的比重。

从式（4-11）可以看出，假定"各产业 GDP 占比保持不变"，整体资本产出比的变动主要受各产业资本产出比变动的影响。在此基础上，进一步假设在"各产业 GDP 占比不变"的同时"各产业相互独立"。此时，依据各产业资本产出比的方差（var_{KY_i}），可求出整体资本产出比的方差（var_{KY}），即：

$$var_{KY} = \sum_{i=1,2,3} (w_{i,base})^2 \times var_{KY_i} \qquad (4\text{-}11)$$

根据式（4-11）求得的标准差，可以度量在"各产业 GDP 占比不变且各产业相互独立"情况下整体资本产出比的变动。运用式

（4-9）、式（4-10）、式（4-11），可以对我国整体资本产出比的变动
情况进行简要分析，并对各产业 GDP 占比变动和各产业资本产出比
变动对整体资本产出比的影响大小进行初步判断。

运用度量模型，对整体资本产出比的实际序列和假想序列进行度
量，结果见表 4-6，从中可知，1980—2022 年，整体资本产出比实际
序列的平均水平为 2.049，假定"各产业 GDP 占比不变"后，该平均
值为 1.682，小于实际序列，说明 1980—2022 年各产业 GDP 占比变
化在一定程度上导致了整体资本产出比的上升。"各产业 GDP 占比不
变"序列的标准差小于实际序列的标准差，说明各产业 GDP 占比变
化加剧了整体资本产出比的变动；"各产业 GDP 占比不变且各产业相
互独立"序列的标准差小于"各产业 GDP 占比不变"序列的标准差
表明各产业间的相关变化特征，推动了整体资本产出比的变动。各产
业资本产出比变化能够解释整体资本产出比变动的 62.7%。

表 4-6　1980—2022 年我国资本产出比变动

统计量	实际序列	假想序列	
		各产业 GDP 占比不变	各产业 GDP 占比不变且各产业相互独立
均值	2.049	1.682	—
标准差	0.520	0.326	0.235
假想序列标准差 / 实际序列标准差	1.000	0.627	0.451

二、分解模型

通过度量模型，可以判断各产业 GDP 占比变化和各产业资本产
出比变化对整体资本产出比变化影响的相对大小，但要想精确判断两
种效应，即得到绝对量，还需对其进行分解，继续依据索罗的方法，

建立以下模型：

$$KY_t - KY_{tWbase} = \sum_{i=1,2,3}\left(w_{it} - w_{i,base}\right) \times KY_{it} \qquad (4\text{-}12)$$

$$KY_{t(Wbase)} - KY_{base} = \sum_{i=1,2,3} w_{i,base} \times \left(KY_i - KY_{t,base}\right) \qquad (4\text{-}13)$$

$$KY_t - KY_{base} = \sum_{i=1,2,3} w_{it} \times KY_{it} - \sum_{i=1,2,3} w_{i,base} \times KY_{i,base} \qquad (4\text{-}14)$$

式（4-12）表示"产业间效应"，即各产业 GDP 占比变化对整体资本产出比变动的影响；式（4-13）表示"产业内效应"，即各产业资本产出比变化对整体资本产出比变动的影响；式（4-14）表示"总效应"，即各产业 GDP 占比变化和各产业资本产出比变化的共同作用对整体资本产出比变动的影响，其值为"产业间效应"和"产业内效应"之和。

运用分解模型，以三次产业（即第一产业、第二产业和第三产业）分类对产业间效应和产业内效应进行严格的分解，结果见图 4-8。从图 4-8 可以看出，自 1980 年以来，各产业 GDP 占比变化和各产业资本产出比的变化对整体资本产出比变化影响的总效应基本为正且呈波动上升趋势。分阶段来看，相对于 1980 年，总效应经过两年短暂上升之后在 1983 年开始下降，1985 年达到最低点，而之后又开始上涨，1993 年转而下降，又以 1996 年为转折点，转降为升，1996—2005 年保持上涨趋势，经过两年回调后，至今一直保持快速上升态势。就两种分解效应而言：（1）产业间效应在 1985 年由负转正，而且基本上始终保持上升趋势，于 2020 年达到最高值 0.81。产业间效应为正与高级产业资本产出比较高有关。我国自 20 世纪 80 年代以来加快了工业化和现代化步伐，社会固定资产投资绝大部分用于第二三产业，导致整体资本产出比的持续上升。（2）产业内效应的波动较大，且自

1984 年以来很长一段时间都表现为负效应。值得注意的是，产业内效应从 2007 年开始呈现出快速上升趋势，且其值到 2013 年转为正值，由于产业内效应代表了各产业资本产出比对整体资本产出比的影响，这种趋势反映了我国自 2007 年以来各个产业的投资效率持续降低，其原因可能与 2007 年以来我国政府为了拉动内需、刺激经济所制定的一系列的投资政策有关。

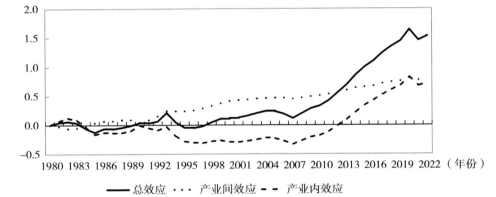

图 4-8　资本产出比变动分解（1980 年为基期）：第一二三产业

图 4-8 显示了 1980—2022 年各产业 GDP 占比变化和各产业资本产出比变化对整体资本产出比变动影响程度的相对大小。但是1980 年为基年的分析掩盖了一些资本产出比变化的阶段性特征，且各阶段产业内效应和产业间效应的具体大小也不能得知。为克服这种不足，笔者根据整体资本产出比的变动特征，利用分解模型分别将 1980 年、1985 年、1993 年、1996 年、2005 年和 2007 年作为基期，分解资本产出比的变动，结果如表 4-7 所示：（1）与 1980 年相比，1985 年的资本产出比有小幅下降，这是产业内效应作用的结果，第三产业资本产出比的下降是主导因素，同时第二产业在这

一时期的快速发展创造的产业间效应也推动了资本产出比的下降。（2）1985—1993年，资本产出比有了明显提高，这是产业间效应和产业内效应共同作用的结果，其解释力分别为0.566和0.434，这一时期大量的资本投资于第二三产业促使资本产出比的快速上升。（3）1993—1996年，资本产出比快速下降，这是由产业内效应导致的，其中发挥主导作用的是第二产业资本产出比的下降，这可能与第二产业在本阶段内具有较高的投资效率有关。（4）1996—2005年，资本产出比平稳上升，产业间效应的作用较大，达到0.68，产业内效应为0.32，在这一时期，产业结构向第三产业转型，同时大量的资本投向第三产业也使得产业本身的投资效率降低，两者共同作用推动了资本产出比的上升。（5）相比于2005年，2007年的资本产出比又呈现小幅下降，这主要由第三产业的产业内负效应导致的，其解释力达1.02，同时由于这一时期第三产业的比重明显上升，其产业间效应在一定程度上也推动了资本产出比的上升。（6）2007—2022年，我国资本产出比呈现快速攀升的趋势，其主因在于第二三产业的产业内效应，两者的解释力分别达0.358和0.457，在这一时期，我国加大了投资力度，第二产业的投资效率下降明显，经济发展向第三产业倾斜，资本产出比快速上升。（7）综合各个时期的资本产出比变化来看，1980—2022年，除了1985—1993年和1996—2005年两个时期外，其他时期产业内效应对资本产出比的变动均占据极其明显的主导地位，且第二产业和第三产业的投资效率变化是资本产出比变动的核心因素。这表明，近年来投资效率下降是资本产出比上升的重要原因。

表 4-7　1980—2022 年我国资本产出比变动分解（分别以 1980 年、1985 年、1993 年、1996 年、2005 年和 2007 年为基期）：第一二三产业

年份	总效应	效应分解	产业间效应				产业内效应			
			总和	第一产业	第二产业	第三产业	总和	第一产业	第二产业	第三产业
1980—1985	−0.124	大小	0.033	−0.002	−0.113	0.148	−0.157	−0.009	0.022	−0.170
		解释力	−0.267	0.019	**0.911**	−1.197	1.267	0.077	−0.179	**1.370**
1985—1993	0.336	大小	0.190	−0.012	0.078	0.124	0.146	0.000	0.058	0.088
		解释力	**0.566**	−0.035	0.232	0.369	**0.434**	−0.001	0.173	0.262
1993—1996	−0.263	大小	−0.007	0.000	0.016	−0.023	−0.256	−0.008	−0.256	0.009
		解释力	0.028	0.000	−0.060	0.087	0.972	0.030	0.975	−0.033
1996—2005	0.286	大小	0.193	−0.022	−0.001	0.217	0.093	0.038	−0.062	0.125
		解释力	0.676	−0.078	−0.004	**0.759**	0.324	0.132	−0.217	0.436
2005—2007	−0.117	大小	0.033	−0.004	−0.002	0.038	−0.150	−0.003	−0.027	−0.120
		解释力	−0.278	0.032	0.018	−0.327	1.278	0.024	0.233	**1.021**
2007—2022	1.409	大小	0.189	−0.029	−0.179	0.397	1.220	0.072	0.504	0.644
		解释力	0.134	−0.020	−0.127	0.282	**0.866**	0.051	0.358	0.457

注："解释力"为各产业各效应的大小占总效应的比例，加粗显示的数据表示最重要的效应。

本章首先对资本产出比、投资产出比、增量资本产出比等主要投资效率评价指标进行了分析，认为资本产出比是现阶段衡量我国投资效率较为适合的指标，并运用永续盘存法测算了 1952—2021 年我国资本存量，得出了资本产出比的变动趋势。根据资本产出比的变动情况来看，资本产出比由 1952 年的 1.18 上升到 2017 年的 2.45，主要经历了三个重要的上升期：1958—1962 年、1970—1976 年、1995—2021 年，尤其是 2007 年以来呈现快速上升的状态。

为了检验资本产出比对货币化水平的影响，构建跨国面板随机系数模型，定量分析 1996—2021 年资本产出比对货币化水平的影响。

模型估计结果显示，21个国家K/GDP对M2/GDP的影响系数均为正值，我国资本产出比对货币化水平的影响程度在21个国家内处于较高水平，达到0.518。这表明，我国资本产出比对货币化水平的影响是正向的，而且影响程度较大。

通过分析资本产出比的决定，指出资本产出比受各产业资本产出比与各产业GDP占比的双重影响，并把资本产出比变动分解为"产业间效应"和"产业内效应"。这不仅有助于进一步认识资本产出比变动的结构及效率成因，更重要的是可以判断我国货币化水平较高且不断上升是否意味着"货币超发"或蕴含潜在金融风险，从而为政策制定提供理论支持。

资本产出比分解结果表明，从三次产业角度看，综合各个时期的资本产出比变化，1980—2022年，除了1985—1993年和1996—2005年两个时期外，其他时期"产业内效应"对资本产出比的变动均占据极其明显的主导地位，且第二产业和第三产业的投资效率变化是资本产出比变动的核心因素。尤其是2007—2022年，我国资本产出比呈现快速攀升的趋势，其主因在于第二三产业的产业内效应。这表明，投资效率下降是2007年以来货币化水平上升的重要原因，这在削弱货币存量与真实资产对应关系的同时，也意味着近年来货币化水平的变化蕴含了潜在金融风险，因此，应切实提高实体经济运行效率予以解决。

第五章　我国货币化水平：基于存量—流量一致模型的分析

　　本章首先介绍了存量—流量一致模型（Stock-Flow Consistent Model，SFC）的产生与发展，并对国内外现有相关研究进行了述评。此后，分析了存量—流量一致模型对居民部门、企业部门与银行部门设定上的优点，并从应用的角度与动态随机一般均衡模型（Dynamic Stochastic General Equilibrium，DSGE）进行了对比。在此基础上，运用存量—流量一致模型，分析了总需求结构、融资结构及投资效率对货币化水平的影响。实证结果显示，消费率与直接融资占比的提高均能降低我国货币化水平，投资效率下降则会导致货币化水平上升。除直接影响外，总需求结构与融资结构还可以通过影响投资效率对货币化水平产生间接影响。此外，本章检验了财政政策与货币政策对总需求结构与融资结构的影响。结果表明，降低消费税对优化总需求结构的效果较好，采取宽松的货币政策可以减少降低消费税对融资结构带来的负面影响；降低企业税对优化融资结构的效果较好，采取宽松的货币政策可以减少降低企业税对总需求结构带来的负面影响，并提升对融资结构的优化效果。

第一节　模型介绍

一、存量—流量一致模型的产生与发展

存量—流量一致模型起源于 1949 年科普兰（Copeland）对资金流量账户的创设和分析，即使用四式记账体系（Quadruple-entry System）试图回答"当对国内产出的总购买增加时，为此融资的钱是从哪里来的？"以及"当对国内产出的总购买减少时，没有花掉的钱变成了什么？是被贮藏了？还是怎么样了？"等问题，并把经济中的实际流量（商品或服务的买卖所转移的资金流量）和金融流量（净借入或借出的资金流量）整合在一起。[①] 国外学者对存量—流量一致模型的研究较为丰富。托宾（Tobin，1982）认为，宏观经济模型的构建应涵盖如下特征：其一，正确考虑时间；其二，追踪存量；其三，考虑多种资产和资产收益率；其四，对金融和货币政策操作建模；其五，包含瓦尔拉斯法则以及加总约束。[②]

基于对上述问题的思考，托宾建立了一个基础的存量—流量一致模型。之后，戈德利（Godley，1996）、戈德利等（2007）进一步完善了托宾模型，形成了较为完整的分析方法与模型构建思路。[③] 近年来，存量—流量一致模型被广泛运用。普兰特（Prante，2022）等运用存量—流量一致模型展示了金融主导资本主义中需求和增长制度的多样

---

① M.A.Copeland, "Social Accounting for Money Flows", *The Accounting Review*, Vol 24, No.3, 1949.

② J.Tobin, "Money and Finance in the Macroeconomic Process", *Journal of Money, Credit and Banking*, Vol. 14, No.2, 1982.

③ W.Godley, "Money, Finance and National Income Determination:An Integrated Approach", *Working Paper*, No.167, 1996. W.Godley & M.Lavoie, *Monetary Economics: An Integrated Approach to Credit，Money，Income，Production and Wealth*, London: Palgrave MacMillan, 2007, p.13.

性及相互依存关系。^①雷亚尔（Reale，2022）运用存量—流量一致模型的研究表明，银行间市场可以控制由期限错配导致的资金流动性风险。^②

国内的研究中，柳欣等（2013）指出存量—流量一致模型的主要特点是：第一，不仅考察实物资本、金融资产和负债等存量，也考察实物和金融交易产生的流量；第二，基于存量—流量核算一致性的原则，通过核算方程和部门的行为方程考察存量和流量之间的动态相互影响；第三，引入后凯恩斯主义经济学的理论方法，比如历史时间、过程理性、货币和银行的重要作用等。^③此外，陈达飞等（2020）、张云等（2020）和郝芮琳等（2021）均对存量—流量一致模型展开了研究。^④但相对于国外的研究，国内对存量—流量一致模型的研究仍处于起步阶段。

二、存量—流量一致模型的特点

存量—流量一致模型与早期的新剑桥学派增长模型相比有了很大改进，并且相较于托宾为代表的早期存量—流量一致模型也具有较大

---

① F.Prante, E.Hein & A.Bramucci, "Varieties and Interdependencies of Demand and Growth Regimes in Finance-Dominated Capitalism: A Post-Keynesian Two-Country Stock-Flow Consistent Simulation Approach", *Review of Keynesian Economic*, Vol.10, No.2, 2022.

② J.Reale, "Interbank Market and Funding Liquidity Risk in a Stock-Flow Consistent Model", *Metroeconomica*, Vol.73, No.3, 2022.

③ 柳欣、吕元祥、赵雷：《宏观经济学的存量—流量一致模型研究述评》，《经济学动态》2013 年第 12 期。

④ 陈达飞、邵宇：《货币与经济周期分析的存量—流量一致模型——一个基于国民账户体系的宏观建模方法》，《政治经济学报》2020 年第 3 期。张云、李宝伟、蒋雅文、李宇婧：《存量流量一致模型在经济和金融危机分析中的研究进展综述》，《政治经济学季刊》2020 年第 2 期。郝芮琳、陈享光：《存量—流量一致框架下金融化的经济增长效应研究》，《国际金融研究》2021 年第 10 期。

进步。[①] 本节首先介绍存量—流量一致模型的特点，并与传统的托宾模型进行对比，然后说明模型在家庭部门、企业部门与银行部门的设定所做的创新性假设。

（一）存量—流量一致模型的整体特点

从整体上看，存量—流量一致模型具有如下四个特点：

第一，存量—流量一致模型提供了一个完整的由动态到稳态的变化过程，而在托宾模型中，虽然单周期模型对稳态解进行了评估，但对模型如何得出稳态并没有给出明确的解答。

第二，存量—流量一致模型依赖于程序合理性，即代理人对偏离均衡点的路径作出合适的反应。此外，模型中机构不是"面纱"，而是具有自身内在逻辑的行为人。

第三，存量—流量一致模型认为价格通常由企业、金融机构甚至货币当局来管理，通过价格进行的市场清算只发生在某些特定的金融市场中，在商品市场上没有市场出清，生产出来的商品可能卖不出去，未卖出的商品会导致存货的增加。以上认识与标准的托宾模型形成了鲜明的对比，在托宾的模型中，资产价格和收益率的变化提供了主要的市场清算机制。[②]

第四，存量—流量一致模型以需求为导向，认为供给限制会加剧通胀，至少在产能利用率超出一定范围时是如此。此外，存量—流量一致模型提供了影响通胀的主要因素，除了实际产出指标外还计算了

[①]　比如在托宾的模型中收入流量是外生的，模型只关注资产组合决策，而现在则明确把主要的流量和存量视为内生的。

[②]　W.Godley & M.Lavoie, *Monetary Economics: An Integrated Approach to Credit*, *Money*, *Income*, *Production and Wealth*, London: Palgrave MacMillan, 2007, pp.493-494.

通货膨胀时期可支配收入、资产和负债的实际相对值。

（二）存量—流量一致模型对家庭部门的创新性假设

存量—流量一致模型对于家庭部门的设定作出了如下三点创新。

第一，在存量—流量一致模型中，家庭按顺序作出消费和投资组合决策。消费决策基于莫迪利安尼式的消费函数，主要由预期可支配收入和过去积累的财富决定。消费一旦确定则意味着该期的预期储蓄水平随之确定，预期储蓄也会相应地增加预期财富。之后，投资组合决策（不同资产的相对比例）将在预期财富的基础上做出。然而，在托宾的模型中，托宾假设消费作为一种剩余，是家庭在购买了想要获得的资产（这段时间的储蓄）后所剩下的收入数额。在这种分析框架下，一切似乎都是同时发生的，时间被市场清算的需要压缩了，消费与储蓄会立刻达到稳定状态，这一假定显然与事实相差甚远。[1]

第二，在存量—流量一致模型中，加入了适应性期望或随机错误等随机性，以消除家庭根据预期作出消费与资产购买的决定可能会犯错的影响。

第三，在存量—流量一致模型中，现金或货币存款具有缓冲的功能。当收入被高估或低估时，家庭的现金余额或银行的存款余额将发生变化，以应对突发事件的冲击。

（三）存量—流量一致模型对企业部门的创新性假设

对于非金融企业部门的设定，存量—流量一致模型认为，企业是拥有自己生命的机构，必须作出各种各样的决策，而不是简单基于标准的利润最大化原则进行决策的黑箱。

---

① W.Godley & M.Lavoie, *Monetary Economics: An Integrated Approach to Credit，Money，Income，Production and Wealth*, London: Palgrave MacMillan, 2007, p.495.

第一，在存量—流量一致模型中，企业必须作出生产决策。在最简单的存量—流量一致模型中，企业只生产需要的产品。在更复杂的包含库存的存量—流量一致模型中，企业必须评估该时期的需求，还必须决定需要持有的额外库存。因此，生产的决定与流动资本的决定交织在一起。此外，企业还需考虑未来的不确定性。

第二，在存量—流量一致模型中，企业必须作出固定资本和存货的投资决策。存量—流量一致模型认为，企业对预期销售进行评估的基础上作出投资决策，投资行为本质上是需求导向的。而在托宾模型以及其他新古典模型中，固定资本投资依赖于资本的市场价值发现和价值确定，即依赖于托宾 q。[①]

第三，在存量—流量一致模型中，企业必须作出定价决策。在最简单的存量—流量一致模型和托宾模型的一些变型中，价格水平由市场清算机制决定，企业不需要作出定价决策。在更复杂的存量—流量一致模型中，定价机制本质上是一种收入分配机制，从而决定工人、资本家、债权人及不同类别的利益相关者之间的收入分配。[②]企业定价基于成本加成原则，即单位成本的评估和成本利润率的计算，而成本利润率主要考虑目标利润水平。在最终的封闭式经济模型中，目标利润水平是为了提供一个合理的股息收益率，同时也为资本积累提供内部资金。

第四，在存量—流量一致模型中，企业必须作出成本决策。当生

---

① 当 q 值高于单位时，即当股票市场对股票的估值高于有形资本的重置成本时。这种投资行为的逻辑是它将有利于股东潜在地最大化他们的股权价值。显然，在这种情况下，企业扮演了一个面纱的角色，代表股东的利益。

② W.Godley & M.Lavoie, *Monetary Economics: An Integrated Approach to Credit*, *Money*, *Income*, *Production and Wealth*, London: Palgrave MacMillan, 2007, p.496.

产不需要时间和工资率保持不变时，这些决策相对简单。但是，当存在通货膨胀与存货时必须考虑时间，单位成本的计算将变得更为复杂。

第五，在存量—流量一致模型中，企业必须作出财务决策。在托宾模型中，企业对贷款融资和发行股票融资并不关心，重要的是预期的融资成本。在存量—流量一致模型中，融资手段是有层次的，企业会在发行股票还是发行企业债券或者银行贷款之间进行选择。

（四）存量—流量一致模型对银行部门的创新性假设

存量—流量一致模型对银行部门的创新性假设，主要体现为以下几个方面。

第一，在存量—流量一致模型中，银行是信贷货币的创造者，扮演着重要的系统角色。而在托宾模型中，银行只是为家庭提供了更多资产选择的机会。和家庭一样，银行会依据回报率在储备资产、贷款和政府票据中做出组合资产的选择，银行被动地接受存款的数量，然后将这些存款分配到超额准备金、债券和贷款中。[1] 显然，托宾的模型中缺少一个关键性步骤，即银行贷款是保证企业正常运转所必需的，而不仅仅是扩大家庭的资产选择范围。尽管托宾认为他的模型包含了内生决定的货币供应，但从任何意义上讲，货币都不是内生的。[2]

第二，存量—流量一致模型与经济的货币循环论是一致的，货币循环论认为，生产最初必须由银行贷款提供资金，才能开始运转。[3]

---

[1] W.C.Brainard & J.Tobin, "Pitfalls in Financial Model Building", *American Economic Review*, Vol.58, No.2, 1968.

[2] L.R.Wray, "Alternative Theories of the Rate of Interest", *Cambridge Journal of Economics*, Vol.16, No.1, 1992.

[3] A.Graziani, "The Theory of the Monetary Circuit", *Économies et Sociétés*, Vol.24, No.6,1990.

在这种观点下，银行的主要作用是创造贷款，为那些进行生产的企业提供信贷。

第三，在存量—流量—致模型中，银行作出定价决定，即设定存款和贷款利率。相比之下，在托宾模型中，存款利率和贷款利率是市场清算价格。在最简单的存量—流量—致模型中，贷款利率被设定为高于存款利率。在更现实的模型中，贷款利率可以使银行达到其目标利润水平，就像生产企业设定的价格一样。至于存款利率，当银行的流动性比率超出其目标范围时，存款利率就会上升或下降。①

第四，在存量—流量—致模型中，引入了各种制度特征。比如，强制性准备金比率、资本充足率等制度要求。在这些制度限定的范围内，商业银行的资金运用决定资金来源，当达到限定的阈值时，消费信贷或银行对企业的贷款将被切断。由此可见，存量—流量—致模型体现了后凯恩斯主义的内生货币理论，即坚持"贷款创造存款"。

三、存量—流量—致模型与动态随机—般均衡模型的对比

为了进一步理解存量—流量—致模型，有必要从构建模型的基本思路方面对动态随机—般均衡模型进行简要评析，并据此说明运用存量—流量—致模型分析货币化水平问题的合理性。

动态随机—般均衡模型设定的经济状态—般是由供给侧决定，虽然引入价格刚性也会使动态随机—般均衡模型在短期内可以得到凯恩斯主义的一些结论，但在中长期会使经济体系回归充分就业状态，仍

---

① W.Godley & M.Lavoie, *Monetary Economics: An Integrated Approach to Credit*, *Money*, *Income*, *Production and Wealth*, London: Palgrave MacMillan, 2007, p.497.

由供给侧决定经济均衡。由此可见，在动态随机一般均衡模型中的经济波动主要是由生产率及其相关的冲击导致的，金融（更严格地说是"货币"）只是罩在实体经济上的"面纱"，在模型中的作用非常小。这种二分法，使动态随机一般均衡模型相对忽视了实体经济与金融的内在联系，降低了模型的解释力。在理论应用层面，2008 年国际金融危机使人们严重怀疑标准宏观经济模型尤其是动态随机一般均衡模型的可信性，以及它们是否有能力提供有效的政策建议以防止大规模经济动荡的发生。鉴于动态随机一般均衡模型的缺陷，有学者指出，直接基于现实经济活动建模的存量—流量一致性模型越来越受到重视。[①]

当某些资产因为市场不完整而无法进行交易时，就会出现金融摩擦。金融摩擦的发生可能是因为某些国家没有市场，或者是由于受到规章制度的限制或信息不对称导致的代理问题，当事人不愿意参与某些合同。[②] 在这两种情况下，代理人都无法预测或推迟支出（用于消费或投资）或为不确定事件投保（用于平稳消费或投资），因此无法执行最优状态的应急计划。金融摩擦可能会限制代理人之间的资金流动，特别是流向那些必须借钱才能执行投资计划的代理人。如果生产性代理人被迫抛售其资本，从而触发资产价格下跌和抵押品价值下跌之间的恶性循环，会加剧不稳定性，那么，对代理人净资产的最初小幅冲击可能会通过内生反馈得到放大。有关金融摩擦的研究极大地提高了动态随机一般均衡模型解释金融脆弱性的能力。但是，基于动态

---

　　① 张宏博、赵准、朱安东：《发达国家菲利普斯曲线为何逐渐失效？——基于后凯恩斯主义经济学的分析》，《上海经济研究》2023 年第 1 期。

　　② V.Quadrini, "Macroeconomic Fluctuations", *Federal Reserve Bank of Richmond Economic Quarterly*, Vol.97, No.3, 2011.

随机一般均衡模型的理性代理方法仍然受到"合成谬误"的内在影响，因为它认为对个体代理正确的方法也必须对整个经济系统有效。[①]

另一方面，改进后的动态随机一般均衡模型尽管能够模拟非线性系统，但它仍然依赖于外部冲击来解释这些非线性的起源从而不能充分理解金融和货币的内在本质。这些模型中的大多数要么假设银行完全不存在，所有贷款都是直接发放的，要么采用可贷资金的方式，这种方法将金融机构的作用降低为纯粹的中介机构，只接受储户的存款并将其贷给借款人。实际上，银行并不充当中间人，而是通过向非银行客户发放贷款来创造出信用。在银行资产负债表的资产一侧记录的每一笔新贷款都会创造出等量的债务，因此，贷款的创造过程相当于银行资产负债表的扩张。[②] 在含有金融摩擦的动态随机一般均衡模型中，银行创造的货币是由实体经济的储蓄（产出中未被消费的部分）所决定。实际上，银行可以通过扩大资产负债表来创造货币，忽视这一点会妨碍理解金融不稳定的原因并严重低估其产生的后果。[③]

在对货币创造的设定上，标准的动态随机一般均衡模型假设经济中流通的法定货币存量是固定的、预先存在的，或者假设货币当局外部地设定了实际货币余额的增长率，没有解释这些额外的货币是通过什么渠道注入系统，以及在各个代理之间是如何分配的。实际上，货币是通过两个基本渠道注入经济的。第一个渠道是中央银行按政策

---

① D.Delli Gatti, M.Gallegati, B.C.Greenwald, A.Russo & J.E.Stiglitz, "The Financial Accelerator in An Evolving Credit Network", *Journal of Economic Dynamics & Control*, Vol.34, 2010.

② R.Werner, "Can Banks Individually Create Money out of Nothing?–The Theories and the Empirical Evidence", *International Review of Financial Analysis*, Vol.36, 2014.

③ R.Werner, "A Lost Century in Economics: Three Theories of Banking and the Conclusive Evidence", *International Review of Financial Analysis*, Vol.46, 2016.

利率向商业银行发放现金预付。第二个渠道是政府对私营部门的支付。政府支付不仅增加了接收者的存款，而且增加了商业银行的准备金。相反，只要私营部门的代理人向政府付款，迫使他们的存款银行将其部分法定准备金转到政府部门，那么合法资金就会被销毁，这也表明政府支出必须在逻辑上先于政府融资。这一经济事实还意味着一个重要的宏观经济特征：在一个封闭的经济体中，除了央行以预支现金形式发放的贷款外，私人部门持有的法定准备金和纸币数量应与央行购买的政府债券数量完全相等。如果不能理解这一点，可能会导致不合理和逻辑上不一致的结论，特别是在处理财政政策和宏观审慎政策时。①

总体来看，标准的动态随机一般均衡模型强调供给侧，认为经济周期主要源于技术进步或劳动的跨期替代等实际因素的冲击，其抽象的理论假设使金融因素对实体经济的影响被排除了。而存量—流量一致模型将实体经济与金融市场结合在一起，对金融体系以及货币的创造、注入和销毁过程作出了恰当的描述。特别是，模型强调私人和公共代理人的资产负债表之间的相互关联性，因为单个代理人所做的决策总是直接或间接地影响其他代理人。这种相互关系也必然反映在宏观经济的会计恒等式中，原则上每一个宏观经济模型应该提供一个完整的和一致的会计系统。总之，相较于动态随机一般均衡模型，存量—流量一致模型提供了全新的考察宏观经济运行的思路，这种模型能够从资产负债与交易流量角度显化货币、金融市场以及实体经济相

---

① A.Caiani, A.Godin, E.Caverzasi, M.Gallegati, S.Kinsella & J.Stiglitz, "Agent Based-Stock Flow Consistent Macroeconomics: Towards a Benchmark Model", *Journal of Economic Dynamics&Control*, Vol.69, 2016.

互影响的机制。[①]存量—流量一致模型对金融体系与货币创造过程的恰当设定，更能够有效揭示金融与实体经济的内在联系，从而更适合用于研究我国的高货币化问题。因此，下文拟构建一个五部门存量—流量一致模型研究我国高货币化水平成因及优化路径。

第二节 模型构建

本节基于五部门国民账户体系，构建一个完整的存量—流量一致模型。金融资产包括存款、贷款、政府债券、股票、现金和准备金，非金融资产包括企业物质资本与商业银行资本。[②]存量—流量一致模型的构建主要分为两个部分：第一，构建资产负债表与资金流量表并列出会计一致性的约束方程；第二，设定代理人行为，共有五大类的行为假设需要作出设定，并按所设定的代理人行为构建行为约束方程。

一、会计一致性设定

表 5-1 描述的是部门间的资产负债关系。"+"表示资产项，"-"表示负债项；下标表示所属部门与供需关系。[③]表中所有变量都是存量，可以从纵向上部门内与横向上部门间两个角度的资产负债关系取得核算等式。

---

① 张云、李宝伟、苗春、陈达飞：《后凯恩斯存量—流量一致模型：原理与方法——兼与动态随机一般均衡模型的比较研究》，《政治经济学评论》2018 年第 1 期。
② 我国国库券的发行规模对模型影响有限，因此模型分析所涉及资产并不包括国库券。
③ h 表示居民，f 表示非金融企业，b 表示商业银行，g 表示政府，cb 表示中央银行；d 表示需求，s 表示供给。

表 5-1　资产负债表矩阵

	家庭	企业	政府	中央银行	商业银行	总计
1. 物质资本		$+K$				$+K$
2. 基础货币	$+MB_h$			$-MB_{cb}$	$+MB_b$	0
3. 存款	$+D_h$				$-D_s$	0
4. 贷款		$-L_d$			$+L_s$	0
5. 政府债券	$+B_h$		$-B_g$	$+B_{cb}$	$+B_b$	0
6. 股票	$+P_e \cdot E_n$	$-P_e \cdot E_f$				0
7. 银行资本	$+OF_b$				$-OF_b$	0
8. 净资产	$-V_h$	$-V_f$	$+V_g$	0	0	$+K$
9. 总计	0	0	0	0	0	0

由会计核算的一致性，家庭部门资产为现金（MB_h）、银行存款（D_h）、政府债券（B_h）、股票（P_eE_h）与银行资本（OF_b），因此家庭净资产等于上述资产加总，见式（5-1）。对于企业部门，持有物质资本（K），负债有贷款（L_d）、股票（P_eE_f），因此企业净资产等于企业资产减负债，见式（5-2）。对于银行部门，除存贷款业务外，银行还购买政府债券，其资产负债关系，见式（5-3）。

$$D_n = V_h - MB_h - B_h - P_eE_h - OF_b \qquad (5-1)$$

$$V_f = K - L_d - P_eE_f \qquad (5-2)$$

$$B_b = D_s + OF_b - L_s - MB_b \qquad (5-3)$$

对于央行部门，央行基础货币投放主要通过购买资产实现，比如购买政府债券为政府财政支出融资，央行资产负债关系见式（5-4）。央行投放的基础货币主要以家庭部门的现金与商业银行的准备金形式存在，其关系见式（5-5）。此外，央行购买的政府债券是居民与银行购买后余下的部分，见式（5-6）。

$$B_{cb}=MB \quad\quad\quad (5-4)$$

$$MB_{cb}=MB_h+MB_b \quad\quad\quad (5-5)$$

$$B_{cb}=B_g-B_h-B_b \quad\quad\quad (5-6)$$

表 5-2 构建了各部门在一段时间内的资金流量表。表 5-2 可以分为两个部分。第 1—12 行描述的是各个部门实物交易的资金流量，第13—19 行描述的是各个部门金融部分的资金交易情况。与表 5-1 不同，其中"+"表示资金来源，"-"表示资金运用，大写下标表示相应科目。

表 5-2　交易流量矩阵

	家庭	企业		政府	中央银行	商业银行		总计
		经营账户	资本账户			经营账户	资本账户	
交易								
1. 消费	$-C_d$	$+C_s$						0
2. 投资		$+I_s$	$-I_d$					0
3. 政府支出		$+G_s$		$-G_d$				0
4. 产出		$[Y]$						0
5. 工资	$+WB_s$	$-WB_d$						0
6. 企业利润	$+FD_f$	$-F_f$	$+FU_f$					0
7. 银行利润	$+FD_b$					$-F_b$	$-FU_b$	0
8. 央行利润					$+F_{cb}$ $-F_{cb}$			0
9. 税收	$-T_h$	$-T_f$		$+T_d$				0
10. 存款利息	$+r_{D-1}D_{-1}$					$-r_{D-1}D_{-1}$		0
11. 贷款利息			$-r_{L-1}L_{-1}$ $+r_{L-1}NPL$			$+r_{L-1}L_{-1}$ $-r_{L-1}NPL$		0
12. 政府债券利息	$+r_{B-1}B_{h-1}$			$-r_{B-1}B_{-1}$	$+r_{B-1}B_{cb-1}$	$+r_{B-1}B_{b-1}$		0
资金流								
13. 净借出	NL_h		NL_f	NL_g	0		0	0
14. 基础货币变化	$-\Delta MB_h$			$+\Delta MB$			$-\Delta MB_b$	0

	家庭	企业		政府	中央银行	商业银行		总计
		经营账户	资本账户			经营账户	资本账户	
15. 存款变化	$-\Delta D_h$						$+\Delta D_h$	0
16. 贷款变化			$+\Delta L_f$				$-\Delta L_f$	0
17. 政府债券变化	$-\Delta B_h$			$+\Delta B$	$-\Delta B_{cb}$		$-\Delta B_b$	0
18. 股票变化	$-p_e\Delta E$		$+p_e\Delta E$					0
19. 不良资产变化			$+NPL$				$-NPL$	0
20. 总计	0	0	0	0	0		0	0

根据支出法，在封闭情况下，国内生产总值由居民最终消费（C）、政府购买（G）以及资本形成（I）组成，见式（5-7）。考虑通货膨胀的影响，因此还应得到剔除价格水平因素的实际变量，包括实际产出、实际消费和实际投资，见式（5-8）—式（5-10）。

$$Y_t = C_t + G_t + I_t \qquad (5-7)$$

$$y_t = \frac{Y_t}{P_t} \qquad (5-8)$$

$$c_t = \frac{C_t}{P_t} \qquad (5-9)$$

$$i_t = \frac{I_t}{P_t} \qquad (5-10)$$

表5-2列项中的资金总体来源和用途之间的差额等于该部门的净借出额，纵向流量一致性要求表5-2每列的总和必须等于零。首先考虑家庭部门，家庭部门税前收入等于家庭部门资金来源之和，资金来源有工资（WB_s）、企业利润（FD_f）、银行利润（FD_b）、存款利息

（ $r_{D,t-1}D_{t-1}$ ）与政府债券利息（ $r_{B,t-1}B_{h,t-1}$ ），见式（5-11）。假设税收为税前收入的固定比例 θ_h，则可支配收入等于税前收入减税收额，见式（5-12）、式（5-13）。

$$YP_t = WB_{s,t} + FD_{f,t} + FD_{b,t} + r_{D,t-1}D_{t-1} + r_{B,t-1}B_{h,t-1} \qquad （5-11）$$

$$YD_t = YP_t - T_{h,t} \qquad （5-12）$$

$$T_{h,t} = \theta_h \cdot YP_t \qquad （5-13）$$

进一步考察金融部分，家庭财产变化等于可支配收入与资本利得之和减去消费，见式（5-14）。其中，资本利得等于股票价值变动，见式（5-15）。

$$V_{h,t} = V_{h,t-1} + YD_t - C_t + CG_t \qquad （5-14）$$

$$CG_t = \Delta p_e E_{t-1} = (p_{e,t} - p_{e,t-1}) E_{t-1} \qquad （5-15）$$

企业部门的利润由收入减去工资、利息及企业税所得，见式（5-16）。企业部门纳税额见式（5-17）。假设企业留存收益为企业利润的固定比例（ φ_D ），家庭部门所得的企业利润（ FD_f ）与企业留存收益（ FU_f ），见式（5-18）、式（5-19）。

$$F_{f,t} = Y_t - WB_{d,t} - r_{L,t-1}L_{t-1} - T_{f,t} \qquad （5-16）$$

$$T_{f,t} = \theta_f (Y_t - WB_{d,t} - r_{L,t-1}L_{t-1}) \qquad （5-17）$$

$$FD_{f,t} = \varphi_D F_{f,t} \qquad （5-18）$$

$$FU_{f,t} = F_{f,t} - FD_{f,t} + r_{L,t-1}NPL \qquad （5-19）$$

企业部门新增贷款（ $L_t - L_{-1}$ ）等于投资（ I ）减去留存收益（ FU_f ）、新增股票融资（ $p_e \cdot \Delta E$ ）与不良贷款（ NPL ）之和，见式（5-20）。

$$L_t = L_{t-1} + I - FU_f - NPL - p_e \Delta E \qquad （5-20）$$

对于银行部门，其净借出为零，其利润等于贷款利息加政府债券利息减存款利息并扣除不良贷款造成的利息损失，其关系见式（5-21）。

$$F_{b,t} = r_{B,t-1}B_{b,t-1} + r_{L,t-1}L_{t-1} - r_{L,t-1}NPL - r_{D,t-1}D_{t-1} \quad （5-21）$$

对于央行部门，资金来源于政府债券利息，而资金运用则是上缴政府的利润，见式（5-22）。

$$F_{cb,t} = r_{B,t-1}B_{cb,t-1} \quad （5-22）$$

对于政府部门，其净借出等于资金来源与资金利用之差，即央行上缴利润加税收减政府债券利息与政府购买。对金融部分分析可以看出，政府部门发行债券进行融资，其预算约束见式（5-23）。

$$B_t = B_{t-1} + G_t - T_t + r_{B,t-1}B_{t-1} - F_{cb,t} \quad （5-23）$$

二、代理人行为设定

一般来说，存量—流量一致模型中有五大类的行为假设需要作出设定。

第一，需要指明代理人如何确定其支出。具体到模型中为设定消费函数、投资函数和政府支出函数。假设居民实际消费（c）为预期实际可支配收入（yd^e）与财富存量（v）的函数，具体形式见式（5-24）。预期可支配收入为当期实际可支配收入（yd）与上一期实际可支配收入乘以劳动生产率增长率（g_{pr}）的一个加权平均，其中实际可支配收入等于名义可支配收入（YD）扣除通货膨胀带来的财富损失，见式（5-25）—式（5-27）。

$$c_t = \alpha_1 yd_t^e + \alpha_2 v_{-1} \quad （5-24）$$

$$yd_t^e = \alpha_3 yd_t + (1-\alpha_3) yd_{-1}(1+g_{pr}) \quad （5-25）$$

$$yd_t = \frac{YD_t}{P} - \frac{\pi_t V_{-1}}{P} \quad （5-26）$$

$$v_t = \frac{V_t}{P} \qquad (5\text{-}27)$$

对投资函数，参照戈德利（Godley）和拉沃伊（Lavoie，2007）的设定，[①] 假设实际资本增长率与留存利润、债务程度和投资效率相关，见式（5-28）—式（5-31）。其中，gr_k 表示实际投资增长率；rfc_t 表示留存利润率，等于上一期企业留存利润（RE_{f-1}）与期初资本存量之比（K_{-1}）；lev_t 表示债务程度，采用上一期贷款余额（L_{-1}）与期初资本存量之比表示，u_t 表示产能利用率（投资效率的倒数），用上期产出（Y_{-1}）与期初资本存量之比表示。

$$gr_k = \beta_0 + \beta_1 rfc_t + \beta_2 lev_t + \beta_3 u_t \qquad (5\text{-}28)$$

$$rfc_t = \frac{RE_{f-1}}{K_{-1}} \qquad (5\text{-}29)$$

$$lev_t = \frac{L_{-1}}{K_{-1}} \qquad (5\text{-}30)$$

$$u_t = \frac{Y_{-1}}{K_{-1}} \qquad (5\text{-}31)$$

由此可得实际投资增长函数与资本存量增长函数，其中 δ_K 为折旧率，见式（5-32）、式（5-33）。

$$i_t = (gr_k + \delta_K) \cdot K_{-1} \qquad (5\text{-}32)$$

$$K = (1 + gr_k) \cdot K_{-1} \qquad (5\text{-}33)$$

此外，假设每期企业贷款中有一部分为不良贷款（NPL），其不良贷款率为 npl，见式（5-34）。

$$NPL = npl \cdot L_{-1} \qquad (5\text{-}34)$$

---

① M.Lavoie&W.Godley, "Models of Growth in a Coherent Stock–flow Monetary Framework: A Kaldorian View",*Journal of Post Keynesian Economics*, Vol.24, No.2, 2007.

对政府支出函数，假设政府购买（G）以外生设定的增长率g_g增长，见式（5-35）。

$$G_t = G_{-1}(1+g_g) \qquad (5\text{-}35)$$

第二类行为假设是代理人需要确定如何为其支出和净借款头寸融资。参照戈德利和拉沃伊（2007）的设定，[1]假定企业首先考虑内源融资（FU_f），再寻求外部融资。其中发行股票（$p_e\Delta E_t$）为其外部融资额的一个固定比例，[2]见式（5-36）。剩余融资额则通过银行贷款取得，因此银行贷款等于企业融资与内源融资和股票融资之差。

$$p_e\Delta E_t = \mu(I_t - FU_f - NPL) \qquad (5\text{-}36)$$

第三类行为假设是代理人如何配置金融资产。家庭的资产结构主要包括现金（MB_n）、存款（D_n）、政府债券（B_n）以及股票（p_eE_n）四种。家庭金融资产的配置通常按照"托宾资产组合"的原理进行配置。为了满足交易需求，假设居民持有的现金资产是家庭消费的一个固定比例δ_1，且现金没有收益，见式（5-37）。此外，参考贝尔纳多（Bernardo，2016）的设定，认为存款占资产（V）比例也较为稳定，因此假设存款占总资产比重为δ_d。在此基础上，家庭将根据政府债券收益率（r_B）、股票收益率（r_E）进行资产配置，见式（5-38）、式（5-39）。其中，股票收益率由式（5-40）给出。[3]

$$MB_h = \delta_1 C_t \qquad (5\text{-}37)$$

$$D_h = \sigma_d V_h \qquad (5\text{-}38)$$

① W.Godley&M.Lavoie, *Monetary Economics: An Integrated Approach to Credit, Money, Income, Production and Wealth*, London: Palgrave MacMillan, 2007, p.36.
② 股票与债券在分析中并无本质差异，因此以股票融资代表直接融资。
③ J.L.Bernardo, E.Stockhammer & F.L.Martinez, "A Post Keynesian Theory for Tobin's q in a Stock-flow Consistent Framework", *Journal of Post Keynesian Economics*, Vol.39, No.2, 2016.

$$\frac{P_e E_t}{V_t - MB_h - D_h} = \varepsilon_{10} + \varepsilon_{11} r_E - \varepsilon_{12} r_B \quad (5-39)$$

$$\frac{B_t}{V_t - MB_h - D_h} = \varepsilon_{20} - \varepsilon_{21} r_E + \varepsilon_{22} r_B \quad (5-40)$$

$$r_E = \frac{FD_t + CG_t}{P_{e-1} E_{-1}} \quad (5-41)$$

此外，参考戈德利和拉沃伊（2007）对上述方程的约束设定，[①] 见式（42）—式（44）。其中，式（42）意味着每种资产的份额总和等于 1；式（43）、式（44）意味着由于资产收益率或可支配收入的变化而导致的资产需求增加与下降相对应。

$$\varepsilon_{10} + \varepsilon_{20} = 1 \quad (5-42)$$

$$\varepsilon_{11} + \varepsilon_{21} = 0 \quad (5-43)$$

$$\varepsilon_{12} + \varepsilon_{22} = 0 \quad (5-44)$$

第四组行为假设是设定金融系统的行为，具体来说，就是设定商业银行以及中央银行的行为。对于中央银行，假设其购买所有私人部门不需要的政府债券，从而中央银行在市场上提供等量的基础货币。政府债券利率为固定值（$\overline{r_B}$）加上风险溢价，见式（5-45）。

$$r_B = \overline{r_B} + \mu_1 \quad (5-45)$$

对于商业银行，假设商业银行所需的基础货币（MB_b）为存款的一定比例，见式（5-46）。存款利率外生给定为 $\overline{r_D}$，贷款利率在存款利率的基础上进行调整，见式（5-47）、式（5-48）。

$$MB_b = \rho D_s \quad (5-46)$$

$$r_D = \overline{r_D} \quad (5-47)$$

[①] W.Godley & M.Lavoie, *Monetary Economics: An Integrated Approach to Credit, Money, Income, Production and Wealth*, London: Palgrave MacMillan, 2007, p.143.

$$r_L = r_D + \mu_2 \tag{5-48}$$

此外，商业银行需要满足资本充足率要求，假设银行自有资本（OF_b）占贷款比例为 NCAR，商业银行每期留存收益（FU_b）在抵消不良贷款后仅用作满足资本金充足率，剩余部分为分配利润（FD_b），见式（5-49）—式（5-51）。

$$OF_b = OF_{b-1} + FU_b - NPL \tag{5-49}$$

$$OF_b = NCAR\, L_{-1} \tag{5-50}$$

$$FU_b = F_b - FD_b \tag{5-51}$$

第五组行为假设是关于模型中生产率、工资和通货膨胀率的设定。假设实际工资（w）为劳动生产率（pr）与整体劳动力市场供求状况（ER）的函数，见式（5-52）。假设劳动生产率按外生给定的增长率 g_{pr} 增加，见式（5-53）。劳动力供求状况采用上一期就业人数（N_{-1}）与劳动总人数（N_{fe-1}）之比表示，见式（5-54）。假设名义工资（W）等于上期名义工资加当期名义工资与上期工资之差的一个比例，见式（5-55）。社会总工资（WB）等于劳动总人数与名义工资的乘积，其中劳动总人数（N）为实际总产出（y）与劳动生产率之比，见式（5-56）、式（5-57）。

$$w_t = \gamma_0 + \gamma_1 pr_t + \gamma_2 ER_t \tag{5-52}$$

$$pr_t = pr_{-1}(1 + g_{pr}) \tag{5-53}$$

$$ER = \frac{N_{-1}}{N_{fe-1}} \tag{5-54}$$

$$W_t = W_{-1} + \gamma_3\left(w_t P_{-1} - W_{-1}\right) \tag{5-55}$$

$$WB = NW \tag{5-56}$$

$$N = \frac{y}{pr} \tag{5-57}$$

对于企业定价，式（5-58）为典型的后凯恩斯学派定价方程，设定为一般历史单位成本（NHUC）上的一个加成（φ）。设定 NHUC 为当期与前一期一般单位成本（NUC）的加权平均值，其中 NUC 设定为名义工资与劳动生产率之比，见式（5-59）、式（5-60）。此外，方程中还包括通货膨胀（π），见式（5-61）。

$$p = (1+\varphi)NHUC \qquad (5\text{--}58)$$

$$NHUC_t = (1-\sigma_2)NUC_t + \sigma_2 NUC_{-1}(1+r_L) \qquad (5\text{--}59)$$

$$NUC = \frac{W}{pr} \qquad (5\text{--}60)$$

$$\pi_t = \frac{p_t - p_{-1}}{p_{-1}} \qquad (5\text{--}61)$$

三、参数设定

在存量—流量一致模型中，参数设定一般有估计和校准两种方法，由于估计法比较复杂且模型估计误差较大，因而使用相对较少，大多数文献基于特征事实或经验法测对参数进行校准。本部分基于变量的时间序列对参数进行校准，因数据缺失而无法测算的参数则参考国内外已有文献。鉴于模型方程数量较多，难以获得解析解，因而直接利用计算机模拟求得稳态解，并以此为参照系，通过重新设定参数考察模型的脉冲响应。

第三节　模拟分析

本节将在存量—流量一致模型的框架下，通过数值模拟分析，研究总需求结构、融资结构与投资效率变化对货币化水平的影响以及总需求结构与融资结构在投资效率影响货币化水平过程中的作用，并分析不同类型的财政政策与货币政策对总需求结构与融资结构的影响。

一、总需求结构对货币化水平的影响

从我国的总需求结构看，消费需求占比较低而投资需求占比较高。在考察期内，逐步提高边际消费倾向与自发投资，对货币化水平的影响见图 5-1、图 5-2。

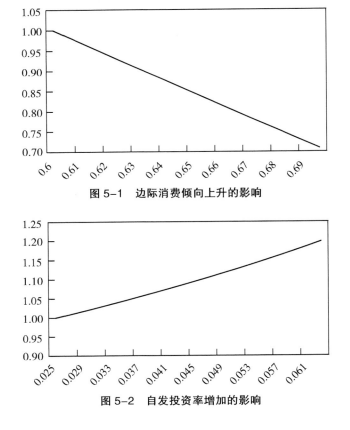

图 5-1　边际消费倾向上升的影响

图 5-2　自发投资率增加的影响

从图 5-1 中可以看出，随着边际消费倾向的不断提高，货币化水平呈逐步下降态势。在边际消费倾向从 0.6 逐步上升至 0.7 的过程中，货币化水平逐步降低到初始值的 70%。从图 5-2 中可以看出，随着自发投资的不断上升，货币化水平呈逐渐上升态势。在自发投资率从 0.025 逐步上升至 0.065 的过程中，货币化水平逐步上升到初始值的 120%。原因在于，在消费品的实现过程中，货币主要承担交易功能，可以反复循环使用，从而完成数倍于自身数量的消费品交易。另外，消费品的实现一般很少通过银行信贷形成对货币固态上的占用，货币流通速度较快，需要的货币存量规模也较小。而资本品的实现不但在交易环节同消费品一样需要货币，更重要的是资本品的取得往往不是完全通过购买方的自有资金，还需借入一定量的货币，这部分货币承担了储蓄方对资本品具有索取关系的债权凭证功能。因此，资本品对货币在固态上的占用会降低货币流通速度，相应的货币存量规模较大。这意味着，等量的消费品与资本品的实现需要的货币并不相同，消费品的实现所需要的货币相对较少，消费占比的增加能够降低货币化水平。

二、融资结构对货币化水平的影响

从我国的融资结构看，间接融资占比较高，而直接融资占比较低。在考察期内，逐步提高股权融资占比与内源融资占比，对货币化水平的影响见图 5-3、图 5-4。

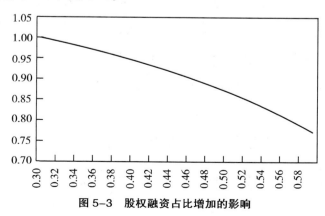

图 5-3　股权融资占比增加的影响

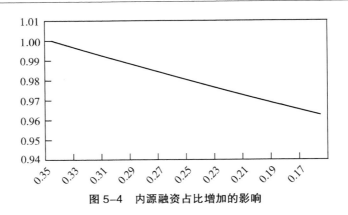

图 5-4　内源融资占比增加的影响

从图 5-3 中可以看出，股权占比增加会降低我国货币化水平，在股权融资占比从 0.3 逐步提升至 0.6 的过程中，货币化水平逐步降低到初始值的 80%。原因在于，在直接融资模式下，股票或债券等是现实中资产的索取凭证；在间接融资模式下，银行存款（货币）是现实中资产的索取凭证，这种权利索取凭证的差异会导致不同融资模式下具有不同的货币化水平。国际经验也表明，在直接融资为主的国家，货币化水平一般较低，而股票、债券的数量与国内生产总值的比值相应较高；在间接融资为主的国家，货币化水平一般较高，但股票、债券的数量与国内生产总值的比值则相应较低。此外，图 5-4 中也显示，内源融资占比增加也会降低我国货币化水平，在分红比例由 0.35 逐步降低至 0.15 的过程中，货币化水平逐步降低至初始值的 96%。原因在于，与股权融资和债券融资一样，内源融资同样代表着现有信用的转移，而非通过商业银行体系创造出新的信用，由此相比于银行贷款，这一过程所占用的货币量更少，进而导致货币化水平降低。

三、投资效率对货币化水平的影响

由于表示投资效率的资本产出比（$\frac{1}{u}$）内生于模型中不能直接设

定，笔者采用实际折旧率的提高（资本形成效率下降）与企业对投资效率敏感程度（β_3）的降低代表投资效率下降。显然，投资累积而成的资本存量通过资本产出比决定国内生产总值水平，当资本产出比较高时，既定资本对应的国内生产总值水平相应较低。同理，当实际折旧率较高时，相当于原有资本存量并未充分发挥作用，也就是说，实际折旧率越高，原有资本存量的资本产出比也就越高。此外，企业对投资效率的敏感系数越低表明企业投资效率下降并不能有效反馈给企业，加大了过度投资与低效率投资的可能性。投资效率变化对货币化水平的影响见图 5-5、图 5-6。

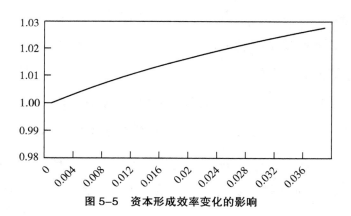

图 5-5 资本形成效率变化的影响

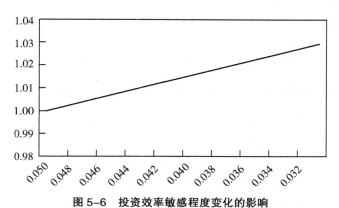

图 5-6 投资效率敏感程度变化的影响

从图 5-5 中可以看出，较低的资本形成效率会显著提升货币化水平。在实际折旧率从 0 逐渐上升至 0.04 的过程中，货币化水平逐步上升到初始值的 103%。原因在于，实际折旧率增加等同于资本产出比上升，在既定的融资模式下，银行存款（货币）、银行贷款、未折旧的资本存量存在依次索取关系，因而未折旧资本存量与货币存量具有对应关系，当实际折旧率增加意味着既定的货币将对应较少的实际资本存量。也可以认为，既定货币对应的原有资本存量的产出水平降低，因而会提高货币化水平。此外，投资效率的下降往往伴随着企业盈利能力及偿债能力下降，抑制了银行贷款的偿还，同时盈利能力下降也表明产品难以适应市场需求，降低了存款主体的购买意愿，不能有效减少存款，从而货币及货币化水平难以下降，也会增加债务风险，加剧金融系统的不稳定性。

从图 5-6 中可以看出，较低的投资效率敏感程度会显著提升货币化水平。在投资效率敏感程度从 0.05 逐渐降低至 0.03 的过程中，货币化水平逐步上升到初始值的 103%。原因在于，企业对投资效率的敏感系数较低时企业难以根据投资效率的变化而及时调整投资规模。在投资效率较低时企业的投资规模相对于敏感程度较高时扩张，使投资效率进一步下降，资本产出比上升，导致货币化水平上升。

（四）总需求结构、融资结构与投资效率的关系

投资效率的下降受到总需求结构与融资结构的双重影响，一方面，当消费需求占比较低进而投资需求占比过高时，尽管在短期可以有效促进国内生产总值增长，但在动态上看，投资累积而成的资本存量及其结构不能有效促进总需求与总供给的平衡，从而降低了资本产出效率；另一方面，依据本书第二章的分析，投资规模过大及其结构

不合理与投资资金的来源密切相关。基于以上判断，笔者进一步实证
分析总需求结构与融资结构对投资效率的影响及其对货币化水平的作
用，具体实证结果见图5-7、图5-8。[1] 其中纵轴表示投资效率下降造
成的货币化水平上升，横轴分别表示总需求结构（用消费占总需求占
比例代表）与融资结构（用直接融资占比代表）。

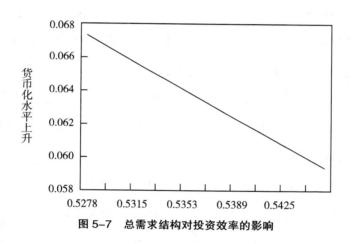

图 5-7　总需求结构对投资效率的影响

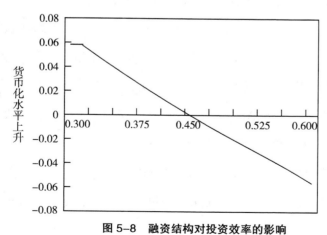

图 5-8　融资结构对投资效率的影响

---

[1]　与单独研究投资效率变化对货币化水平影响时假定投资效率变化外生给定不同，此处
假定投资效率的变化部分内生于总需求结构与融资结构。

　　从图 5-7、图 5-8 中可以看出，随着总需求结构与融资结构的变化，投资效率及货币化水平也将发生变化。具体来看，在消费占总需求比例从约 52% 上升至 55% 的过程中，投资效率下降导致的货币化水平上升也从 0.068 逐步降低至 0.059。而在直接融资占比由 0.3 逐步上升至 0.6 的过程中，投资效率下降导致的货币化水平上升从 0.06 逐步降低至 -0.05。[①]综合分析图 5-5—图 5-8 可以看出，投资效率下降不仅直接提高货币化水平，其效果也受到总需求结构与融资结构的影响，在消费占比较高与直接融资占比较大时，投资效率将相对改善，对货币化水平上升的影响也将降低。因此，虽然我国货币水平是总需求结构、融资结构及投资效率共同作用的结果，但是鉴于结构与效率的关系，在政策调整方面更应注重结构的调整。

　　（五）财政政策与货币政策对经济结构的影响

　　通过上述模拟分析可以看出，间接融资为主的融资结构与消费率较低的总需求结构不仅造成我国货币化水平较高，也会导致投资效率下降，在进一步推高货币化水平的同时也加大了潜在金融风险。因此，运用财政政策与货币政策调节经济结构是优化货币与实体经济关系的关键。笔者将财政政策细分为政府支出、消费税和企业税三类，考察 0.01 单位正向冲击（即政府支出较稳态扩张 1%）下各经济变量在未来 50 期内的响应；对于税收，则考察 0.01 单位负向冲击（即税率较稳态下调 1%）下的响应。将冲击单位化为 0.01 目的在于使各类财政工具的调控效果具有横向可比性。此时脉冲响应实际上反映了在既定政策强

---

　　① 在融资结构变化的过程中，总需求结构也相应发生变化，此数据为剔除出总需求结构变化的影响后融资结构变化对货币化水平的影响。

度下各财政工具的效应大小，财政政策效果见图 5-9、图 5-10。[①]

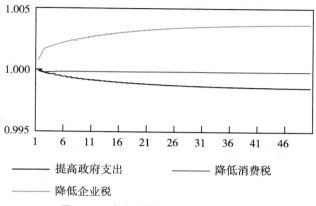

图 5-9　财政政策对总需求结构的影响

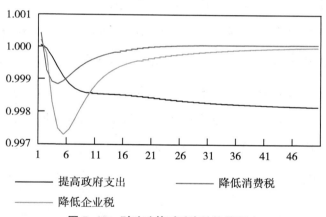

图 5-10　财政政策对融资结构的影响

　　图 5-9 显示，三种财政政策中，降低消费税对我国总需求结构的改善效果较好，从长期看将使消费占总需求比重提高 0.3%。提高政府支出则会进一步挤占消费的空间，使消费占比下降约 0.2%。降低企业税对需求结构调整影响较小，仅使消费占比略微下降 0.02%。可以看出，

---

　　① 本节中，总需求结构采用消费占总需求的比重表示，融资结构则采用直接融资占比（投资的资金来源中非贷款资金来源占比）表示。

在进行财政政策选择时更应采用降低消费税的方式，在直接促进当期
GDP 增长的同时优化总需求结构。从图 5-10 中可以看出，提高政府支
出会降低直接融资占比约 0.2%，这是由于政府支出挤占私人投资与消
费使企业利润下降进而影响留存收益，企业内部资金来源减少，由此
对贷款需求增加进而降低直接融资占比。降低消费税在短期会使间接融
资占比快速增加约 0.3%，但长期对融资结构影响较小。同时降低企业
税也对融资结构影响较小，在长期仅导致间接融资占比上升约 0.01%。

　　鉴于货币政策与财政政策存在交互影响，相对宽松的货币政策可
以改善财政政策的作用效果，同时也为财政政策提供政策空间。因此，
在选择财政政策时，也应考虑货币政策予以配合，加强政策协同，以
发挥财政政策效力。笔者进一步考虑财政政策与货币政策相配合情况
下的最优政策组合选择，在货币政策逐步宽松过程中，降低消费税与
降低企业税对总需求结构与融资结构的影响见图 5-11—图 5-14。图
中横坐标表示贷款利率，纵坐标表示不同利率下各种政策对稳态时总
需求结构（用消费占总需求比例代表）与融资结构（用直接融资占比
代表）的影响。

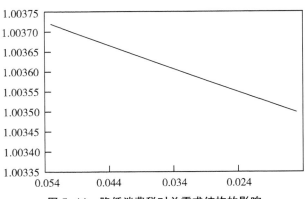

图 5-11　降低消费税对总需求结构的影响

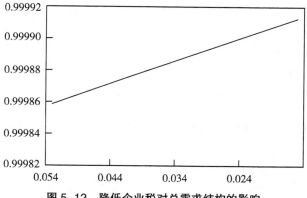

图 5-12　降低企业税对总需求结构的影响

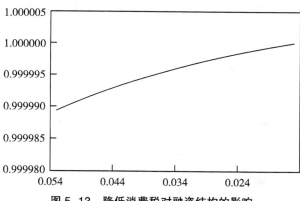

图 5-13　降低消费税对融资结构的影响

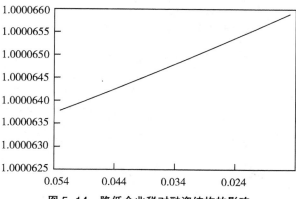

图 5-14　降低企业税对融资结构的影响

　　从图 5-11 与图 5-12 中可以看出，随着货币政策的逐步宽松，降低消费税对总需求结构的改善效果减弱，消费占总需求比重有所下降。可能原因在于，货币政策的逐步宽松会刺激投资，导致投资规模扩张进而挤占消费，从而超出了降低消费税对消费的促进效果。而降低企业税对总需求结构的负向影响逐渐降低，消费占总需求比重不断升高。可能原因在于，降低企业税并配合宽松货币政策，会在更大程度上扩张与就业及消费需求相关的投资，改变总量生产函数中各要素的匹配及产出结构，从而更有效地优化投资与消费的关系。从这个意义上看，虽然宽松货币政策都会刺激投资，但投资的结构可能有所不同，这种结构的差异对消费需求会产生不同的带动效应。因而，本书认为，作为资本存量相对缺乏的发展中大国，我国目前还需要通过投资的方式促进经济增长，核心的问题在于如何在投资总量扩张的同时优化结构。就目前来看，企业税负重、融资难阻碍了投资在边际的结构优化，在动态上也制约了消费需求的进一步扩张的空间。因此，需要通过降低企业税减轻企业负担与实施宽松的货币改革缓解融资约束，使投资规模扩张的同时优化结构，并与消费在动态上相互促进。

　　从图 5-13 与图 5-14 可以看出，随着货币政策的逐步宽松，降低消费税与降低企业税对融资结构的影响均逐渐改善，直接融资占比均得到提升。这是由于降低贷款利率改善了企业的财务状况，使企业留存收益增加，从而提高了内源融资的可获得性，减少了对贷款的需求，由此提升了直接融资占比。从前文分析可以看出，降低消费税对总需求结构改善效果较好，但在改善总需求结构的同时也会造成间接融资占比提高。但从图 5-13 可以看出，降低贷款利率会逐步抵消降低消费税对融资结构的影响，随着贷款利率由 0.054 逐步下降至

0.014，降低消费税对融资结构的负向影响由 0.2% 逐步变为 0%。因此，宽松的货币政策搭配降低消费税的财政政策可以较好地优化我国的总需求结构，提高消费占总需求的比例。此外，降低企业税对融资结构调整效果较好，但在改善融资结构的同时也会影响总需求结构，使消费占总需求比重下降。但观察图 5-12 可以发现，当采用宽松的货币政策予以配合时，降低企业税对总需求结构的负向影响将会降低，随着贷款利率由 0.054 逐步下降至 0.014，降低企业税对总需求结构的负向影响也由 0.02% 逐步变为 0.008%。与此同时，从图 5-14 中可以看出，采取宽松的货币政策予以配合，也使降低企业税对融资结构改善的效果更为显著，更有助于融资结构由间接融资向直接融资转变，使直接融资占比上升。

　　本章首先介绍存量—流量一致模型的产生与发展及其创新性假设，并将其与动态随机一般均衡模型进行对比。存量—流量一致模型的理论基础是后凯恩斯主义学派，强调货币宏观经济学。后凯恩斯主义者认为生产可以通过银行预支来实现，而企业在试图收回货币收益之前会负债。这种对生产、债务和投资组合行为的关注需要对银行和更广泛的金融体系进行全面考察，从而银行及其资产负债表必须纳入生产过程。[①]

　　因此，本章基于资产负债表构建一个包含投资效率的五部门存量—流量一致模型，并进行模拟分析。研究发现，总需求结构变化对我国货币化水平影响显著。在边际消费倾向从 0.6 逐步上升至 0.7 的

---

　　① P.Davidson, "Money, Portfolio Balance, Capital Accumulation, and Economic Growth", *Econometrica*, Vol.36, No.2, 1968.

过程中，消费占总需求比重从 52% 逐步提升至 55%，货币化水平逐步降低到初始值的 70%；在自发投资率从 0.025 逐步上升至 0.065 的过程中，消费占总需求比重从 52.7% 逐步下降至 50.5%，货币化水平逐步上升到初始值的 120%。从融资结构上看，股权融资占比从 0.3 逐步提升至 0.6 的过程中，货币化水平逐步降低为初始值的 80%；此外，内源融资占比增加也会降低我国货币化水平，在分红比例由 0.35 逐步降低至 0.15 的过程中，货币化水平逐步降低至初始值的 96%。投资效率下降也会造成我国货币化水平降低，用实际折旧率这一指标代替投资效率的研究表明，在实际折旧率从 0 逐渐上升至 0.04 的过程中，货币化水平逐步上升到初始值的 103%；在投资效率敏感程度从 0.05 逐渐降低至 0.03 的过程中，货币化水平逐步上升到初始值的 103%。

　　进一步研究结构与效率的相互影响后发现，随着消费占总需求比例及直接融资占比上升，投资效率下降对货币化水平的影响逐步降低。从政策分析结论看，在对总需求结构的调整上，降低消费税可以有效促进消费占总需求的比例上升，但会造成直接融资占比下降，但采取宽松的货币政策予以配合，可以减少降低消费税对融资结构的负向影响。对融资结构而言，降低企业税可以有效提高直接融资占比，但会造成消费占总需求比例下降。但采用宽松的货币政策予以配合，降低企业税对消费占比下降的影响将会减弱，同时也可以提升对融资结构的优化效果，促进直接融资占比上升。

第六章　研究结论与政策建议

第一节　研究结论

本书以货币的资产性质为切入点，结合"贷款决定存款、投资决定储蓄"的理论逻辑，通过建立货币需求函数，从融资结构、总需求结构以及投资效率三个层面分析了我国货币化水平较高且持续上升问题，得出以下主要结论。

一、间接融资为主的融资模式使我国货币化水平较高

在统计上，货币存量 M_2 由流通中的现金与各类存款构成，流通中的现金占比过小，M_2 主要反映的是存款，因此，存款产生的机制以及存款主体持有存款的原因是理解我国货币存量 M_2 规模的关键。在现代信用货币制度条件下，根据复式记账原理，商业银行具有"凭空"创造存款的能力，即"贷款决定存款"。在间接融资模式下，储蓄对资产的索取权利凭证体现为商业银行负债端的存款，而不是直接融资模式下的股票、债券等其他凭证。我国近年来的投资大规模扩张，且投资的资金主要来源于银行贷款，投资使资产规模增加的同时，也导致作为储蓄权利凭证的存款（货币）增加较多，因而我国货币存量较

多是特定融资结构下投资规模扩张的结果。

　　由此可见，正确认识我国的货币创造，不但要摒弃"实物货币观"，遵循"贷款决定存款"的逻辑，而且应继续将这一逻辑深化为"投资决定储蓄"，重新使货币返回到"实物"，即货币对"实物"具有索取权，进而对应"实物"。近年来，虽然股票、债券为主要方式的直接融资占比有所提高，但是，间接融资仍然占据主导地位，我国实体经济的融资需求还是主要依赖于商业银行体系来实现。因此，不考虑其他因素的影响，一个经济体的融资结构越倾向于间接融资，会导致货币存量 M_2 越多及货币化水平越高。

　　本书进一步认为，银行主导的金融资源配置模式，在特定阶段对于促进大规模投资进而拉动经济高速增长具有重要作用。在银行主导的间接融资模式下，一旦经济主体产生投资需求，只要银行愿意发放贷款，那么投资主体就可以运用取得的贷款购买生产要素完成投资，相应地，生产要素出售方也由此获得相应的存款。考察这个过程同样可以发现，银行主导资源配置的实质是通过货币创造，为投资方提供动用生产要素的能力，在从事生产活动的同时，实现投资向储蓄转化，也相应完成货币转移。

　　显然，如果生产要素的供给不受约束，这一转化顺利实现的条件是投资主体具有投资意愿以及银行具有放贷意愿，在地方政府干预经济增长以及国有银行为主导的金融体系下，这两个条件很容易满足。在一定意义上，我国特定的间接融资模式，更有利于实现投资进而促进经济增长。但随着时间的推移，这一增长模式导致的货币与实体经济、实体经济内部结构的双重失衡，生态环境恶化以及经济增长质量不高等弊端日益显现，使经济高速增长不具有可持续性并且风险不断累积。因此，必须通过融资模式转变对现存的问题予以矫正，并以此促进经济增长模式转变。

二、"两高一低"的总需求结构对我国货币水平上升具有重要影响

长期以来，我国的总需求结构呈现高投资、高净出口、低消费"两高一低"的特征。一方面，作为典型的"高投资驱动型"国家，[①]高投资不但可以实现经济的快速增长，也可以改变我国改革开放初期资本存量匮乏的状况。另一方面，改革开放以来，尤其是我国加入世界贸易组织之后，与世界各国之间的贸易往来愈发频繁，在此期间，凭借着劳动力和自然资源的价格优势，以及贸易品部门企业所具备的较高劳动生产率，我国在国际上具有很强的竞争力和比较优势，取得了较大的贸易顺差，高净出口也成为我国发展自身经济的重要手段。从结果来看，较高的投资和净出口对于我国经济能够长期保持高速增长具有决定性的作用以及战略意义，但同时也推动了 M_2 的增长。

高投资使资本存量增加较快，从而代表对资本存量具有索取权的凭证数量也会增加较快。首先，投资的资金如果来源于银行贷款，那么必然有相应的存款与之形成债务债权关系。因此，在间接融资为主模式下，高投资使信贷扩张较快，导致货币存量不断扩张。其次，高投资往往伴随着企业盈利能力及偿债能力下降，抑制了银行贷款的偿还，从而不能有效降低货币存量及货币化水平。盈利能力下降也表明产品难以适应市场需求，降低了存款主体的购买意愿，减少了存款下

---

① 陈彦斌、陈小亮、陈伟泽：《利率管制与总需求结构失衡》，《经济研究》2014 年第 2 期。

降的规模，货币存量难以收缩。企业不能减少贷款与存款主体不愿减少存款类似于一枚硬币的两面，都是投资效率低下的表现形式，即资本存量所导致的产出与市场需求不能有效匹配。这也意味着初始的资本形成进而贷款与存款不应发生，因而属于"货币超发"，但这种"货币超发"显然是投资主体、商业银行与央行共同作用的结果，而不仅仅是央行的原因。最后，高投资中的相当部分并未完全转化成资本存量，从而降低了未来的产出能力，即高投资在占用货币的同时，不能有效提高国内生产总值的产出，导致货币化水平上升。

净出口的实质是国内储蓄转移到国外，净出口导致的外汇占款使商业银行资产负债表扩张以及货币存量 M_2 增加。这部分货币增量是国内储蓄转移到国外的权利凭证。在当期，净出口在创造国内生产总值的同时，也导致了等量的货币增加，但是，净出口不断累积而成的外汇占款存量规模会远远大于当期净出口的规模，随着时间的推移，外汇占款与净出口之比会越来越大，在边际上提高了货币化水平。由于净出口会对货币存量形成长期固态占用，而投资的资金只是部分来源于银行贷款并且在动态上银行贷款会不断被偿还，以及投资累积而成的资本存量具有产出能力，从而净出口较等量投资具有更强的拉动货币化水平上升的作用。

消费品的实现一般很少通过银行信贷形成对货币固态上的占用，而是更多地依赖于货币的交易功能。货币在行使交易功能时，可以在一年内周转多次，完成数倍于自身规模的消费品交易，所以，消费品实现所需要的货币较等量投资或净出口实现所需要的货币数量明显较低。因此，国内生产总值既定时，消费、投资、净出口的比例不同导致的货币化水平也会不同，三者对货币化水平的影响依次增强。

三、投资效率降低是近年来我国货币化水平不断上升的重要原因

根据本书货币化水平决定的理论模型，资本产出比是影响货币化水平的重要因素。相应地，近年来我国的资本产出比与货币化水平呈现出较为一致的变动趋势。这表明，资本产出比的变化对货币化水平上升具有明显的促进作用。由于资本产出比上升受产业结构升级与投资效率下降的双重影响，本书将资本产出比的变化分解为"产业间效应"和"产业内效应"，并分析了"产业间效应"与"产业内效应"在不同阶段对资本产出比的作用。

本书的研究发现，20世纪90年代末以来，资本产出比成为影响货币化水平的重要因素，而且资本产出比的变化主要由"产业内效应"导致，尤其是2007年之后，"产业内效应"更为明显，表明近年来货币化水平上升主要是投资效率下降的结果。这一结论表明，我国近年来货币化水平上升蕴含了潜在的金融风险。也就是说，对于货币存量增加或货币化水平上升是否导致金融风险关键是考察货币存量所对应资产的产出效率，当产出效率下降时，货币存量与资产之间的索取关系将被弱化，降低了存款作为资产凭证的真实程度，加大了存款不能被偿还的可能性。这一结论同样适用于直接融资，当股票或债券作为资产的索取凭证时，一旦资产的产出效率或收益率下降，那么也将导致股票或债券价格下跌甚至归零。因此，切实提升实体经济的产出效率是防范金融风险的重要途径。

总之，我国货币化水平较高且不断上升，与间接融资为主的融资结构、"两高一低"的总需求结构以及资本产出效率下降存在密切联系。显然，融资结构、总需求结构以及资本产出效率也具有内在逻辑

关系。以 GDP 考核为目标的经济增长模式以及以国有商业银行为主的间接融资体系，使地方政府、商业银行以及国有企业为主的投资主体具有了以投资拉动 GDP 增长及实现企业规模扩张的意愿，从而创造出更多的以银行为中介的债务债权关系。也正是要素驱动型而不是技术进步型的资本形成规模过大、增速过快，使总需求与总供给之间不能有效平衡，产出不能适应及引导市场需求，导致产出效率低下以及产能过剩等问题。

第二节　政策建议

通过以上研究结论可以看出，一方面，我国货币化水平较高且持续上升是融资结构、总需求结构及投资效率共同作用的结果，而且三者具有内在的逻辑关系。另一方面，我国货币化水平的潜在风险主要在于投资效率的不断下降。因此，应继续推进市场化改革，通过发展直接融资、调节总需求结构、培育市场主体等方式调结构、促效率，以有效化解高货币化水平的潜在风险，促进我国经济健康持续发展。基于此，本书提出以下政策建议。

一、完善资本市场，发展直接融资

货币的本质是一种信用，商业银行不是协助储蓄向投资转化的中介，而是通过信用创造实现投资向储蓄转化。以间接融资为主的融资结构导致我国货币化水平较高的同时，也由于自身的特点，比如发放贷款主要考察企业的稳定性及抵押物等，从而不能为新兴高技术产业发展提供有效的金融支持。因此，发展直接融资对于降低货币化水平以及促进经济转型至关重要。

在直接融资模式下，投资项目首先经由原有储蓄主体的"市场检验"，投资主体才可以获得资金，然后通过投资创造出新的储蓄，实现投资向储蓄转化。从这个角度看，在直接融资模式下，投资接受的市场检验更为严格，在逻辑上及实践中投资的效率也会更高。

借鉴各国发展经验以及直接融资与间接融资的本质，从储蓄与投资匹配的角度看，间接融资更适合于为较成熟的产业、低风险的项目提供资金，而对于高风险、高成长性产业的投资，间接融资较为缺乏提供融资的条件和能力。而多层次资本市场下的直接融资，可以促进不同类型的资金需求方与资金供给方实现市场化匹配，包括高风险、高成长性的投资项目在内，都能够在多层次资本市场中找到与之对应的资金供给方，并且二级市场的连续定价可以使储蓄投资双方的匹配动态化，进而促进生产要素的优化配置以及经济结构的转型升级，推动经济高质量发展。

根据我国目前的经济结构状况及融资模式的现实，为达到经济高质量发展的目标，必须优化金融结构，提升金融能力，实现金融供给与金融需求的匹配，提高金融体系的适应性、竞争力、普惠性，促进经济结构转型升级。以经济高质量发展的内涵为基础，应从以下几个方面完善和优化我国的金融体系。一是从金融市场或金融中介的角度来看，应提高直接融资比例，大力发展多层次资本市场，积极推进科创板及注册制，为创新驱动型经济提供投资向储蓄转化的通道与路径。二是从资金需求端的角度看，应通过完善法治，强化公司治理和信息披露。由于直接融资是通过更为市场化的模式实现投资向储蓄的转化，资金需求方披露的信息越充分和客观，则投融资双方的信息就越对称，市场的范围就越广，市场的层次就越丰富，投资向储蓄转化的效率也就越高。而做到这一点，必须完善法治，加大监管力度，强化公司治理及信息披露，为直接融资模式的顺利推进打好基础。三是从资金的供给端看，积极培育各种类型的机构投资者，加强投资者教育，扩展信息传播途径，提高资金供给端对投资项目甄别的专业化水平，以促进储蓄与投资的有效匹配。另外，加大金融开放力度，不断吸收国际上的先进经验，在促进我国金融体系稳步与国际接轨的同时，激发市场信心与活力。

二、规范政府职能，调节总需求结构

改革开放以来，我国经济长期高速发展，创造了世界经济发展史上的"中国奇迹"。投资在短期会拉动 GDP 上涨，在长期会累积而成资本存量，形成供给能力，决定未来的产出，从而也会对消费与净出口产生决定性的影响。但是，投资主导经济增长的模式也造成了我国资源耗用过度、生态环境恶化、投资效率下降等后果。

作为发展中的大国，我国人均资本存量还相对较低，因而应继续肯定投资在经济增长及社会全面进步中的作用。需要解决的问题是，应以产权改革为核心完善投资体制，强化市场投资主体，在此基础上，实现市场化的投资结构优化及效率的提升，最终达到经济增长模式转变的目标。与此同时，总需求的内部结构也会在价格机制的作用下得以有效匹配并实现动态上的优化。

（一）弱化地方政府以 GDP 增长为指标的考核机制

在以 GDP 增长为目标时，地方政府的"投资饥渴症"是我国投资率居高不下的助推器。一方面，地方政府干预经济的行为在一定程度上使市场配置资源的功能部分失效，导致投资效率低下；另一方面，地方政府过多地干预经济会对私人资本造成"挤出效应"，干扰了企业作为投资主体所应发挥的作用。因此，地方政府必须实现由"职能型"政府向"服务型"政府转变，减少对经济不必要的干预，充分发挥市场在资源配置中的决定性作用。

党的二十大报告指出，法治政府建设是全面依法治国的重点任务和主体工程。转变政府职能，优化政府职责体系和组织结构，推进机构、职能、权限、程序、责任法定化，提高行政效率和公信力。[①] 因此，建立责任政府、服务政府和法治政府体系，坚持简政放权、优化服务的原则，强化政府自身的改革，是激发市场活力的重要前提。但这并不意味着政府在投资领域完全退出，尤其涉及公共投资领域，由于存在投资回收期长、收益水平低、投资风险高等固有缺陷，私人资本不能或不愿进入，在这些领域，政府应该发挥应有的作用。总之，政府投资应该做到"进退有序"，从而实现各领域内投资结构的优化及效率的提升。

（二）积极推进收入分配领域的改革

党的二十大报告指出，分配制度是促进共同富裕的基础性制度。坚持按劳分配为主体、多种分配方式并存，构建初次分配、再分配、第三次分配协调配套的制度体系。努力提高居民收入在国民收入分配中的比重，提高劳动报酬在初次分配中的比重。[②] 国民收入的初次分

---

① 习近平：《高举中国特色社会主义伟大旗帜　为全面建设社会主义现代化国家而团结奋斗——在中国共产党第二十次全国代表大会上的报告》，人民出版社 2022 年版，第 41 页。

② 习近平：《高举中国特色社会主义伟大旗帜　为全面建设社会主义现代化国家而团结奋斗——在中国共产党第二十次全国代表大会上的报告》，人民出版社 2022 年版，第 46—47 页。

配及再分配过程中，存在政府及企业部门占 GDP 份额相对较高、居民部门占 GDP 份额相对较低的问题，从而抑制了居民消费水平的提升。因而，必须进一步完善收入分配制度，改变收入分配格局，使收入分配向居民部门倾斜，促进收入分配从"资本偏向型"向"劳动偏向型"转变，提高初次分配中劳动报酬的占比，促进社会消费水平的提升。在再分配中降低劳动报酬的税负及其他各项的负担，通过转移支付、精准扶贫等方式提高低收入群体的收入及消费能力。

党的二十大报告指出，中国式现代化是全体人民共同富裕的现代化。共同富裕是中国特色社会主义的本质要求，也是一个长期的历史过程。我们坚持把实现人民对美好生活的向往作为现代化建设的出发点和落脚点，着力维护和促进社会公平正义，着力促进全体人民共同富裕，坚决防止两极分化。①

不仅要重视居民部门在初次分配和再分配中所占比重，也应重视居民收入的地区差距、行业差距及城乡差距。应加快建立多渠道、深层次、广覆盖的社会保障体系，在缩小收入差距的同时，降低居民对未来不确定性支出的预期，促进整体消费增长。

（三）推进汇率制度及外贸政策的改革

应培育贸易新业态、新模式，逐渐将对外贸易发展的重点由量的扩张转变到质的提高，通过贸易政策和产业政策协调，推动形成以技术、品牌、质量、服务为核心的出口竞争新优势。同时也应重视扩大进口的作用，优化进口结构，积极扩大进口，推动对外贸易平衡发展。净出口规模较大，会使货币被动增加，虽然央行可以采取提高准备金率

---

① 习近平：《高举中国特色社会主义伟大旗帜　为全面建设社会主义现代化国家而团结奋斗——在中国共产党第二十次全国代表大会上的报告》，人民出版社 2022 年版，第 22 页。

或其他政策工具进行对冲，但这只会影响央行的负债结构及货币乘数，并不能改变外汇占款导致等量存款增加的结果。因此，在进一步调节贸易政策及汇率制度的基础上，也应采取更为市场化的结售汇制度及对外投资战略，使国内储蓄更为有效地转移到国外，提高投资收益。

三、重塑市场主体，提高投资效率

如前文所述，融资结构、总需求结构以及投资效率具有内在逻辑关系。从另一个角度考察，我国投资效率下降与市场主体不健全密不可分。培育合格的市场主体是我国全面深化市场化改革的重要内容。李克强同志在 2023 年《政府工作报告》中明确提到深化国资国企改革，提高国企核心竞争力，完善相关政策，鼓励支持民营经济和民营企业发展壮大，并指出要激发民间投资活力。从这个意义上讲，继续健全国有企业、民营经济以及商业银行等市场主体对于提升投资效率具有重要的意义。

（一）继续推进国有企业改革

1978 年以来，尽管国有企业改革取得了一系列的成就，但仍与最终目标存在一定的差距。党的二十大报告指出，深化国资国企改革，加快国有经济布局优化和结构调整，推动国有资本和国有企业做强做优做大，提升企业核心竞争力。[①] 根据不同时期经济体制改革理论以及对社会主义市场经济体制认识的不同，国有企业改革可以划分为不同的阶段。目前学界对国有企业改革阶段的划分不尽相同，比如黄少安将国有企业改革分为 1979—1984 年的"放权让利"阶段、1985—

---

① 习近平：《高举中国特色社会主义伟大旗帜　为全面建设社会主义现代化国家而团结奋斗——在中国共产党第二十次全国代表大会上的报告》，人民出版社 2022 年版，第 29 页。

1992 年的"承包制"阶段、1992—2006 年的股份制改革和现代企业制度建设阶段、2006—2012 年的国有经济扩张和国有企业实质性改革滞缓期以及 2013 年至今实行"混合所有制改革"的攻坚阶段。[①] 杨瑞龙则将国有企业改革史分为了六个阶段，分别为"放权让利"阶段（1978—1984 年）、"两权分离"阶段（1985—1991 年）、"产权多元化"阶段（1992—1997 年）、"抓大放小"阶段（1998—2002 年）、"优化所有权约束机制"阶段（2003—2014 年）以及"分类推进"阶段（2015年至今）。[②] 虽然不同学者对于国企改革阶段的划分有所不同，但从整体来看，基本认同以混合所有制改革为主的"全面深化"是当前国有企业改革的主线。

　　经过多年国企改革的不断尝试，国有企业大体上已经与我国的市场经济体制相融合，实力与影响力正在不断增加。但是，政企不分、政资不分的问题依然存在，国有资产监管越位、缺位、错位的现象时有发生，资本运行效率还有待进一步提高。在我国供给侧结构性改革不断深入以及经济由高速增长转为高质量发展的背景下，继续深化国有企业改革应是题中应有之义。在坚持社会主义市场经济改革方向的前提下，应继续推进政企分开、政资分开、所有权与经营权分离，使国有企业能够真正发展为独立的市场主体。

　　继续巩固与发展公有制经济，充分发挥市场机制的作用，高效公平参与市场竞争，通过高质量的投资，调整国有经济结构，优化国有经济布局，提升国有资本在基础性经济领域及外溢性经济领域的供

---

　　① 黄少安：《国有企业改革 40 年：阶段演化、理论总结与未来思考》，《江海学刊》2018年第 5 期。
　　② 杨瑞龙：《国有企业改革逻辑与实践的演变及反思》，《中国人民大学学报》2018年第 5 期。

给能力。推进高质量发展及构建新发展格局的进程中，基础设施和公共工程的外延与内涵随着科技进步不断发生变化，应依据投资项目特点的演变合理界定政府投资的范围，拓宽政府投资项目的资金来源渠道，发挥资本结构对项目治理的积极作用。充分利用市场机制健全政府投资项目决策及风险防范，提高政府投资项目的科学化决策水平以及经济和社会效益，充分体现政府投资在经济社会发展中的重要功能及基础性作用。

对于当前国有企业改革中所存在的各种问题，也需要采取针对性的方案进行解决。在宏观层面上，必须要坚持正确的改革方法论，无论是顶层设计还是基层探索，都应从我国的实际国情出发，真正做到"有的放矢"。要进一步推进"管资产"向"管资本"的转变，实现政企分开，让国有企业充分享有经营自主权。分类开展授权放权，对于不同类别的企业，进行不同程度、不同范围的授权与放权，同时加强国有企业的公司治理，让企业在享受放权的背景下，更好地行权。完善监督管理体系，重点完善国有企业退出机制，推动国有僵尸企业破产退出，建立健全长效持久的市场主体退出制度。

（二）推动民营经济高质量发展

改革开放以来，民营经济从无到有、从小到大，民营经济已经成为我国经济重要的支撑力量。但是，民营经济的发展仍旧面临着诸多的问题。例如，我国民营经济营商环境总体评价较低、政府政策难以落实、融资环境不能满足民企需求以及法治环境存在不公平等现象，[1] 这些问题从不同层面提高了民营经济的经营成本。

---

① 童有好：《营造民营经济高质量发展环境的若干问题及对策》，《经济纵横》2019年第4期。

　　企业是要素利用与配置的重要载体，充分落实企业投资决策权，有利于拓展要素的利用程度，提升要素配置效率，促进供给结构的优化和转型升级。企业家才能是引领性的生产要素，提供适合企业家才能发挥的制度环境，弘扬企业家精神，引导企业家预期，激励企业家在要素整合、市场开拓、创新推动中的能动性，对于促进我国经济的动态演进与高水平循环具有重要作用。

　　一般而言，经济形态越高级、产品形式越丰富，越需要供给的产权特征与之匹配，因此，我国经济的规模扩张、结构优化以及效率提升，离不开公有投资与民营投资的分工协作、相互促进，以满足人民群众公共性、个性化、多样化及不断升级的需求。鼓励、支持、引导非公有制经济，健全法治，营造公平的市场环境，规范民营企业的公司治理，既要防止及限制资本的无序扩张对经济社会发展及动态效率带来的不利影响，又要激发民间投资的意愿与活力，提升要素整合能力与创新水平。

　　对于民营经济发展当前所面对的一系列问题，必须通过针对性措施加以解决。党的二十大报告指出，优化民营企业发展环境，依法保护民营企业产权和企业家权益，促进民营经济发展壮大。[①]监管部门有义务为民营经济营造更好的营商环境，这也是坚持实施"放管服"改革的重要内容。应进一步放宽市场准入制度、简化各项程序、实行公平统一的市场监管等手段。对当前民营企业尤其是中小企业所存在融资贵、融资难问题，应拓宽融资渠道，大力发展直接融资，完善中小企业风险评级机制，强化中小企业融资监管。另外，应确保减税降

---

　　① 习近平：《高举中国特色社会主义伟大旗帜　为全面建设社会主义现代化国家而团结奋斗——在中国共产党第二十次全国代表大会上的报告》，人民出版社2022年版，第29页。

负政策能够尽快落实，开展精准帮扶，帮助民营企业纾困解难。

（三）提高银行业服务实体经济的能力

改革开放以来，作为我国金融体系重要组成部分的商业银行不断进行自我革新。自1979年开始，大致可以分为三个阶段，即探索银行企业化改革阶段（1979—1993年）、国有商业银行市场化准备阶段（1994—2002年）、国有银行继续深化股份制改革阶段（2003年至今）。尤其是股改上市，使商业银行募集了更多的资金用于扩大自身经营规模，同时，通过改变较为封闭、陈旧的管理体系，完善了治理结构，商业银行在营收、利润率等经营指标上相较之前有了显著提升。但是，在经济高质量发展的背景下，我国商业银行也存在自身的结构体系及服务体系与实体经济多元化、多层次的需求不匹配等问题。

为了更好地服务经济高质量发展，有力支持实体经济，商业银行应优化供给和强化竞争以改善自身服务水平与能力。各类商业银行在发挥好银行体系金融产品丰富、金融服务体系完善的优势的基础上，应不断适应新形势、新理念、新技术。以完善公司治理为基础，以数字金融为着力点，深刻理解与运用数字技术，转变思维、提升能力、培育生态，创新业务模式，将金融活水精确滴灌到实体经济的重点领域与薄弱环节，体现商业银行服务实体经济的"压舱石"和"风向标"的作用。

各类银行机构应坚守主业，做到精业务、有市场、能赢利，助力实体经济提质增效，防止金融经济自我循环。改革银行业结构，提高中小银行、城商行占银行业总体规模的比重，使其更能满足差异化的贷款需求，更好地服务于高新技术企业与初创期规模较小的企业。从企业规模决定的企业信息特征角度看，中小银行更适合于服务中小企业而大银行更适合于服务大企业。提高我国银行体系的竞争度，才能使中小银行能更好地服务于传统产业的中小企业。[①]

另外，商业银行应落实各项服务民营经济的政策，切实保障普惠金融的发展。同时，监管部门应加强监管，对于违反监管政策、利用同业和表外业务进行无序扩张的商业银行予以整治，加强银行业自律组织的自纠自查功能。在守住货币供给总闸门，为实体经济提供充裕流动性的同时，防微杜渐，及时识别风险点、风险源，精准化解各类风险。总之，在丰富商业银行体系、强化监管以及行业自律的基础上，进一步激发商业银行的活力，这不但会提高商业银行协助投资向储蓄转化的效率，也会相应降低货币化水平，实现货币与实体经济良性互动，达到金融支持实体经济结构调整与转型的目标。

[①] 张一林、林毅夫、龚强：《企业规模、银行规模与最优银行业结构——基于新结构经济学的视角》，《管理世界》2019 年第 3 期。

参考文献

〔1〕〔美〕保罗·萨缪尔森:《经济学》(上),高鸿业译,商务印书馆 1980 年版。

〔2〕陈达飞、邵宇:《货币与经济周期分析的存量—流量一致模型——一个基于国民账户体系的宏观建模方法》,《政治经济学报》2020 年第 3 期。

〔3〕陈思翀、李文学、徐奇渊:《产出结构对货币需求的影响:基于中国省级面板数据的研究》,《世界经济》2018 年第 9 期。

〔4〕陈彦斌、陈小亮、陈伟泽:《利率管制与总需求结构失衡》,《经济研究》2014 年第 2 期。

〔5〕程健、林梅华:《我国 M_2/GDP 畸高影响因素实证分析》,《华东经济管理》2006 年第 1 期。

〔6〕程俊杰:《转型时期中国产能过剩测度及成因的地区差异》,《经济学家》2015 年第 3 期。

〔7〕樊潇彦、袁志刚:《我国宏观投资效率的定义与衡量——一个文献综述》,《南开经济研究》2006 年第 1 期。

〔8〕范从来、杜晴:《中国高货币化率的产业结构变动解释》,《经济研究参考》2021 年第 10 期。

［9］国家统计局：《服务业风雨砥砺七十载　新时代踏浪潮头领航行——新中国成立 70 周年经济社会发展成就系列报告之六》。

［10］国家统计局：《固定资产投资效能平稳提升　优化供给结构关键作用不断增强——党的十八大以来经济社会发展成就系列报告之八》。

［11］国家统计局：《建筑业高质量大发展　强基础惠民生创新路——党的十八大以来经济社会发展成就系列报告之四》。

［12］国家统计局：《经济结构不断优化　协调发展成效显著——党的十八大以来经济社会发展成就系列报告之十一》。

［13］国家统计局：《新理念引领新发展　新时代开创新局面——党的十八大以来经济社会发展成就系列报告之一》。

［14］韩国高、高铁梅、王立国、齐鹰飞、王晓姝：《中国制造业产能过剩的测度、波动及成因研究》，《经济研究》2011 年第 12 期。

［15］韩珣、易祯：《货币政策、非金融企业影子银行业务与信贷资源配置效率》，《财贸经济》2023 年第 1 期。

［16］郝芮琳、陈享光：《存量—流量一致框架下金融化的经济增长效应研究》，《国际金融研究》2021 年第 10 期。

［17］何德旭：《影子银行冲击货币政策传导的机制与效应研究》，《财贸经济》2023 年第 2 期。

［18］何枫、陈荣、何林：《我国资本存量的估算及相关分析》，《经济学家》2003 年第 5 期。

［19］何玉长、潘超：《经济发展高质量重在实体经济高质量》，《学术月刊》2019 年第 9 期。

［20］何运信、钟立新、耿中元：《收入差距、货币需求与中国高

M2/GDP 之谜》,《经济社会体制比较》2015 年第 6 期。

[21] 何增平、贾根良:《论当前国内对现代货币理论的误解》,《山东大学学报（哲学社会科学版）》2023 年第 1 期。

[22] 贺菊煌:《我国资产的估算》,《数量经济技术经济研究》1992 年第 8 期。

[23] 黄昌利、任若恩:《中国的 M2/GDP 水平与趋势的国际比较、影响因素:1978—2002》,《中国软科学》2004 年第 2 期。

[24] 黄桂田、何石军:《结构扭曲与中国货币之谜——基于转型经济金融抑制的视角》,《金融研究》2011 年第 7 期。

[25] 黄少安:《国有企业改革 40 年:阶段演化、理论总结与未来思考》,《江海学刊》2018 年第 5 期。

[26] 贾根良、何增平:《现代货币理论大辩论的主要问题与深层次根源》,《中国人民大学学报》2020 年第 5 期。

[27] 江春、江晶晶、单超:《基于总需求结构的中国高 M2/GDP 之谜解析》,《广东金融学院学报》2009 年第 5 期。

[28] 江世银、沈佳倩:《影子银行对我国货币供应量与经济增长的影响——基于 VAR 模型》,《社会科学研究》2019 年第 6 期。

[29] 金迪:《"超额"货币都去哪儿了——对我国货币收入流通速度长期下降的一个解释》,《财贸经济》2014 年第 6 期。

[30] 经济增长前沿课题组:《高投资、宏观成本与经济增长的持续性》,《经济研究》2005 年第 10 期。

[31] 康志勇:《货币流通速度与收入差距——来自中国 1980—2004 年的经验证据》,《上海金融》2007 年第 11 期。

[32] 赖明发、陈维韬、郑开焰:《国有企业融资优势与投资效率

背离之谜——基于产权与产业的比较分析》，《经济问题》2019 年第 5 期。

［33］［英］劳伦斯·哈里斯：《货币理论》，梁小民译，商务印书馆 2017 年版。

［34］雷辉：《我国资本存量测算及投资效率的研究》，《经济学家》2009 年第 6 期。

［35］李斌、伍戈：《信用创造、货币供求与经济结构》，中国金融出版社 2014 年版。

［36］李宏瑾、任羽菲：《金融结构、经济效率与 M2/GDP 的关系——基于跨国面板数据的实证研究》，《经济与管理研究》2020 年第 5 期。

［37］李宏瑾、唐黎阳：《全球金融危机以来的资本回报率：中国与主要发达国家比较》，《经济评论》2021 年第 4 期。

［38］李世美、狄振鹏、郭福良：《虚拟经济繁荣与实体经济放缓：金融化的分层解释与治理》，《金融发展研究》2022 年第 1 期。

［39］李文喆：《中国影子银行的经济学分析：定义、构成和规模测算》，《金融研究》2019 第 3 期。

［40］李晓华：《后危机时代我国产能过剩研究》，《财经问题研究》2013 年第 6 期。

［41］李晓华：《中国制造业变革的历史进程》，《新经济导刊》2019 年第 3 期。

［42］李秀萍、付兵涛、韩立彬：《晋升激励、信贷错配与高货币化率》，《云南财经大学学报》2021 年第 11 期。

［43］李治国、唐国兴：《资本形成路径与资本存量调整模型——

基于中国转型时期的分析》,《经济研究》2003 年第 2 期。

［44］连飞:《中国式影子银行与货币供给: 促进还是抑制?——基于信用创造视角的研究》,《南方金融》2018 年第 7 期。

［45］梁环忠、黄毅:《提升直接融资比例目标下的资本市场体系优化探析》,《吉林金融研究》2022 年第 4 期。

［46］梁斯:《信用货币制度下对货币创造和货币本质的再认识》,《金融理论与实践》2020 年第 5 期。

［47］辽宁大学日本研究所:《日本经济的发展》, 辽宁人民出版社 1979 年版。

［48］林毅夫、付才辉:《新结构经济学导论（上册）》, 高等教育出版社 2019 年版。

［49］刘亦文、胡宗义:《中国 M2/GDP 畸高之谜的再考察——兼论当前全球金融危机的实质》,《财经理论与实践》2010 年第 2 期。

［50］刘云霞:《我国省际总资本存量和净资本存量估算研究》,《厦门大学学报（哲学社会科学版）》2023 年第 3 期。

［51］柳欣、吕元祥、赵雷:《宏观经济学的存量—流量一致模型研究述评》,《经济学动态》2013 年第 12 期。

［52］卢万青、魏作磊:《当前我国流动性过剩的主要原因是结构性失衡》,《经济学家》2008 年第 2 期。

［53］［美］罗伯特·索洛:《增长论》, 任峻山、吴经荃译, 经济科学出版社 1988 年版。

［54］［美］罗纳德·麦金农:《经济市场化的次序: 向市场经济过渡时期的金融控制》, 周庭煜、尹翔硕、陈中亚译, 上海人民出版社 1997 年版。

［55］［英］默文·金:《金融炼金术的终结》,束宇译,中信出版集团 2016 年版。

［56］牟晓伟、张宇:《日本储蓄率的变动及对中国的启示》,《现代日本经济》2012 年第 3 期。

［57］牛慕鸿、孙莎:《从超额准备金看美联储缩表的非典型特征》,《中国金融论工作论文》2017 年第 19 期。

［58］［美］欧文·费雪:《利息理论》,陈彪如译,上海人民出版社 1999 年版。

［59］《马克思恩格斯全集》第 30 卷,人民出版社 1995 年版。

［60］彭文生:《渐行渐近的金融周期》,中信出版社 2017 年版。

［61］祁斌等:《直接融资与间接融资的国际比较》,《新金融评论》2013 年第 6 期。

［62］［英］乔希·瑞安—柯林斯等:《货币从哪里来?》,朱太辉等译,中信出版集团 2022 年版。

［63］秦朵:《居民储蓄——准货币之主源》,《经济学（季刊）》2002 年第 1 期。

［64］任景波、杜军:《日本经济战略转型与对策》,经济日报出版社 2014 年版。

［65］任泽平、甘源、石玲玲:《影子银行创造货币的机制、规模和利弊》,恒大研究院研究报告,2019 年 5 月 28 日。

［66］单豪杰:《中国资本存量 K 的再估算:1952—2006 年》,《数量经济技术经济研究》2008 年第 10 期。

［67］沈建光:《影子银行:金融改革成果还是庞氏骗局?》,《CF40 周报》2013 年 1 月第 185 期。

［68］沈坤荣、钦晓双、孙成浩：《中国产能过剩的成因与测度》，《产业经济评论》2012 年第 12 期。

［69］帅勇：《资本存量货币化对货币需求的影响》，《中国经济问题》2002 年第 3 期。

［70］宋智勇：《西方制度分析中的整体主义与个体主义》，《当代经济研究》2011 年第 8 期。

［71］孙志红、刘炳荣：《贷款利率市场化抑制了非金融企业影子银行化吗》，《现代经济探讨》2022 年第 9 期。

［72］陶然：《人地之间：中国增长模式下的城乡土地改革》，辽宁人民出版社 2022 年版。

［73］佟孟华、李洋、于建玲：《影子银行、货币政策与商业银行系统性金融风险》，《金融与投资》2021 年第 1 期。

［74］童有好：《营造民营经济高质量发展环境的若干问题及对策》，《经济纵横》2019 年第 4 期。

［75］王国刚：《"货币超发说"缺乏科学根据》，《经济学动态》2011 年第 7 期。

［76］王磊、朱太辉：《高货币化率的非货币化解释》，《国际金融研究》2016 年第 12 期。

［77］王维、陈杰、毛胜勇：《基于十大分类的中国资本存量估计：1978—2016》，《数量经济技术经济研究》2017 年第 10 期。

［78］王洋：《内生货币和"中国之谜"：基于存量—流量结构的新解说》，《经济科学》2007 年第 5 期。

［79］王玉华、赵平：《投资规模、投资效率与经济增长的动态关系研究》，《经济与管理》2013 年第 10 期。

[80] 吴建军、刘进:《中国的高货币化:基于资本形成视角的分析》,《财政研究》2015 年第 12 期。

[81] 吴建军、刘进:《中国高投资率:成因、影响及可持续性》,《财政研究》2014 年第 1 期。

[82] 吴建军、卓凯:《中国货币供给的再认识》,《宏观经济研究》2017 年第 9 期。

[83] 吴建军:《我国 M2/GDP 过高的原因:基于收入分配差距的分析》,《经济学家》2004 年第 1 期。

[84] 吴建军:《中国储蓄投资转化与经济结构转型》,湖北人民出版社 2017 年版。

[85] 吴世农、尤博、王建勇、陈韫妍:《产业政策工具、企业投资效率与股价崩盘风险》,《管理评论》2023 年第 1 期。

[86] 伍超明:《货币流通速度的再认识——对中国 1993—2003 年虚拟经济与实体经济关系的分析》,《经济研究》2004 年第 9 期。

[87] 夏春莲:《我国外汇储备对货币供给内生性的影响研究》,经济科学出版社 2018 年版。

[88] 谢平、张怀清:《融资结构、不良资产与我国 M2/GDP》,《经济研究》2007 年第 2 期。

[89] 谢彦明、汪戎、纳鹏杰:《资产锁定与企业产能过剩——来自 2008 ~ 2015 年中国制造业上市企业的证据》,《现代经济探讨》2017 年第 7 期。

[90] 徐蔼婷、李金昌:《中国货币流通速度及变化规律——一个新的分析视角》,《财贸经济》2010 年第 10 期。

[91] 徐高:《宏观经济学二十五讲:中国视角》,中国人民大学

出版社 2019 年版。

［92］徐斯旸、查理：《总需求结构、内生性货币供给量与中国货币化水平》，《财经问题研究》2017 年第 10 期。

［93］徐长生、马克：《"中国货币之谜"：基于货币需求视角的解释》，《经济学家》2015 年第 8 期。

［94］许宪春：《准确理解中国的收入、消费与投资》，《中国社会科学》2013 年第 2 期。

［95］［英］亚当·斯密：《国富论》，郭大力、王亚南译，商务印书馆 2021 年版。

［96］杨瑞龙：《国有企业改革逻辑与实践的演变及反思》，《中国人民大学学报》2018 年第 5 期。

［97］杨子荣、张鹏杨：《金融结构、产业结构与经济增长——基于新结构金融学视角的实证检验》，《经济学（季刊）》2018 年第 2 期。

［98］余永定：《M2/GDP 的动态增长路径》，《世界经济》2002 年第 12 期。

［99］［英］约翰·梅纳德·凯恩斯：《货币论》，何瑞英译，商务印书馆 1986 年版。

［100］［英］约翰·梅纳德·凯恩斯：《就业、利息和货币通论》，高鸿业译，商务印书馆 1999 年版。

［101］曾五一、赵昱焜：《关于中国总固定资本存量数据的重新估算》，《厦门大学学报（哲学社会科学版）》2019 年第 2 期。

［102］张成思、尹学钰、刘泽豪：《信用货币创造机制的历史演进逻辑》，《国际金融研究》2021 年第 7 期。

［103］张春生、吴超林：《中国 M2/GDP 畸高原因的再考察——

基于商业银行资产负债表的分析》,《数量经济技术经济研究》2008 年第 5 期。

［104］张宏博、赵准、朱安东:《发达国家菲利普斯曲线为何逐渐失效? ——基于后凯恩斯主义经济学的分析》,《上海经济研究》2023 年第 1 期。

［105］张宏博、朱安东:《信用货币创造、投资发展模式与 M2/GDP》,《上海经济研究》2022 年第 11 期。

［106］张家峰:《中国储蓄—投资转化效率的实证研究》,中国财政经济出版社 2012 年版。

［107］张杰:《中国的高货币化之谜》,《经济研究》2006 年第 6 期。

［108］张晶、陈帅、刘超、陈卓:《影子银行、货币政策与银行风险承担》,《经济与管理评论》2023 年第 3 期。

［109］张军、吴桂英、张吉鹏:《中国省际物质资本存量估算:1952—2000》,《经济研究》2004 年第 10 期。

［110］张军、章元:《对中国资本存量 K 的再估计》,《经济研究》2003 年第 7 期。

［111］张炜、景维民、许娜:《货币供给与通货膨胀背离的时变成因分析》,《中央财经大学学报》2021 年第 6 期。

［112］张五常:《经济解释——张五常经济论文选》,商务印书馆 2001 年版。

［113］张一、张运才:《广义货币与国内生产总值比值增长的诱因与趋势:1978—2015 年》,《改革》2016 年第 4 期。

［114］张一林、林毅夫、龚强:《企业规模、银行规模与最优银行业结构——基于新结构经济学的视角》,《管理世界》2019 年第 3 期。

［115］张玉来：《日本国际协调型经济发展路径研究》，《人民论坛》2023 年第 1 期。

［116］张越、赵留彦、赵岩：《商品本位与信用本位的选择：金融市场视角下的法币改革》，《经济学（季刊）》2023 年第 1 期。

［117］张云、李宝伟、蒋雅文、李宇婧：《存量流量一致模型在经济和金融危机分析中的研究进展综述》，《政治经济学季刊》2020 年第 2 期。

［118］张云、李宝伟、苗春、陈达飞：《后凯恩斯存量—流量一致模型：原理与方法——兼与动态随机一般均衡模型的比较研究》，《政治经济学评论》2018 年第 1 期。

［119］赵金鑫：《影子银行、利率管制与利率市场化改革》，《上海金融》2019 年第 6 期。

［120］郑思齐、孙伟增、吴璟、武赟：《"以地生财，以财养地"——中国特色城市建设投融资模式研究》，《经济研究》2014 年第 8 期。

［121］中国金融 40 人论坛：《正视影子银行的发展》，《要报》2013 年 1 月第 34 号。

［122］中国经济增长前沿课题组：《中国经济长期增长路径、效率与潜在增长水平》，《经济研究》2012 年第 11 期。

［123］周劲、付保宗：《产能过剩的内涵、评价体系及在我国工业领域的表现特征》，《经济学动态》2011 年第 10 期。

［124］周磊、孙宁华、张舒蕾、张嘉伟：《货币政策不确定性、金融摩擦与经济紧缩效应——基于 BGG–DSGE 模型的分析》，《经济问题探索》2021 年第 4 期。

〔125〕周先平、皮永娟、向古月:《贷款利率浮动的决定因素及其对企业融资约束的影响》,《国际金融研究》2021 年第 11 期。

〔126〕朱天、张军:《公平改革为何重于结构再平衡?》,《金融市场研究》2013 年第 3 期。

〔127〕朱天、张军:《中国的消费率太低?》,《经济导刊》2012 年第 Z3 期。

〔128〕A.Caiani, A.Godin, E.Caverzasi, M.Gallegati, S.Kinsella & J.Stiglitz, "Agent Based-Stock Flow Consistent Macroeconomics: Towards a Benchmark Model", *Journal of Economic Dynamics&Control*, Vol.69, 2016.

〔129〕A.Mele & R.Stefanski, "Velocity in the Long Run: Money and Structural Transformation", *Review of Economic Dynamics*, Vol.31, 2018.

〔130〕A.Y. Ouyang & J.Wang, "Shadow Banking, Macroprudential Policy, and Bank Stability: Evidence from China's Wealth Management Product Market", *Journal of Asian Economics*, Vol.78, 2022.

〔131〕D.Delli Gatti, M.Gallegati, B.C.Greenwald, A.Russo & J.E.Stiglitz, "The Financial Accelerator in an Evolving Credit Network", *Journal of Economic Dynamics & Control*, Vol.34, 2010.

〔132〕F.Prante, E.Hein & A.Bramucci, "Varieties and Interdependencies of Demand and Growth Regimes in Finance-Dominated Capitalism: A Post-Keynesian Two-Country Stock-Flow Consistent Simulation Approach", *Review of Keynesian Economic*, Vol.10, No.2, 2022.

［133］Financial Stability Board, "Shadow Banking:Scoping the Issues",12 April,2011.

［134］G.C.Chow, "Capital Formation and Economic Growth in China", *Quarterly Journal of Economics,* Vol.108, No.3, 1993.

［135］I.Fisher, *The Purchasing Power of Money,* New York:Macmillan, 1911.

［136］J.Du,C.Li & Y.Wang, "A Comparative Study of Shadow Banking Activities of Non-Financial Firms in Transition Economies" ,*China Economic Review,* Vol.46,2017.

［137］J.G.Gurley & E.S.Shaw, "Financial Aspects of Economic Development", *The American Economic Review,* Vol.9, No.9, 1955.

［138］J.L.Bernardo, E.Stockhammer & F.L.Martinez, "A Post Keynesian Theory for Tobin's q in a Stock-flow Consistent Framework", *Journal of Post Keynesian Economics,* Vol.39, No.2, 2016.

［139］J.Reale, "Interbank Market and Funding Liquidity Risk in a Stock-Flow Consistent Model", *Metroeconomica,* Vol.73, No.3, 2022.

［140］J.Tobin, "Money and Finance in the Macroeconomic Process", *Journal of Money, Credit and Banking,* Vol 14, No.2, 1982.

［141］Joseph E. Stiglitz, "Inequality and Economic Growth", *Political Quarterly,* Vol.86, No.S1, 2015.

［142］K.Chen, J.Ren & T.Zha, "The Nexus of Monetary Policy and Shadow Banking in China", *American Economic Review,* Vol.108, No.12,2018.

［143］L.R.Wray, "Alternative Theories of the Rate of Interest",

Cambridge Journal of Economics, Vol.16, No.1, 1992.

［144］L.Sun, "Quantifying the Effects of Financialization and Leverage in China", *The Chinese Economy*, Vol.51, No.3, 2018.

［145］L.Wang and T. Zhu, "The Myth of China's Monetization, Applied Economics Letters", *Taylor & Francis Journals*, Vol.25, No.11, 2018.

［146］M.A.Copeland, "Social Accounting for Money Flows", *The Accounting Review*, Vol 24, No.3, 1949.

［147］M.Friedman, "The Demand for Money: Some Theoretical and Empirical Results", *Journal of Political Economy*, No.4, 1959.

［148］M.Friedman, *The Quantity Theory of Money:A Restatement*, The University of Chicago Press, 1956.

［149］M.Funke, P.Mihaylovski &Zhu H., "Monetary Policy Transmission in China: A DSGE Model with Parallel Shadow Banking and Interest Rate Control", *Social Science Electronic Publishing*, No.9, 2015.

［150］N.Gennaioli, A.Shleifer& R.W.Vishny, "A Model of Shadow Banking", *The Journal of Finance*, Vol.68, No.4, 2013.

［151］P.Davidson, "Money, Portfolio Balance, Capital Accumulation, and Economic Growth", *Econometrica*, Vol.36, No.2, 1968.

［152］P.Davidson, "Is Probability Theory Relevant for Uncertainty? A Different Perspective", *The Journal of Economic Perspectives*, No.5, 1991.

［153］R.E.Hall & C.I.Jones, "Why do Some Countries Produce So Much More Output Per Worker Than Others? ", *The Quarterly Journal of*

Economics, Vol.114, No.1, 1999.

［154］R.W.Goldsmith, "A Perpetual Inventory of National Wealth", *NBER Studies in Income and Wealth*, Vol.14, 1951.

［155］R.Werner, "A Lost Century in Economics: Three Theories of Banking and the Conclusive Evidence", *International Review of Financial Analysis*, Vol.46, 2016.

［156］R.Werner, "Can Banks Individually Create Money out of Nothing?——The Theories and the Empirical Evidence", *International Review of Financial Analysis*, Vol.36, 2014.

［157］V.Le,K.Matthews,D.Meenagh,P.Minford & Z.Xiao, "Shadow Banks,Banking Policies and China's Macroeconomic Fluctuations", *Journal of International Money and Finance*, Vol.116, 2021.

［158］V.Quadrini, "Macroeconomic Fluctuations", *Federal Reserve Bank of Richmond Economic Quarterly*, Vol.97, No.3, 2011.

［159］W.C.Brainard & J.Tobin, "Pitfalls in Financial Model Building", *American Economic Review*, Vol.58, No.2, 1968.

［160］W.Godley & M.Lavoie, *Monetary Economics:An Integrated Approach to Credit, Money, Income, Production and Wealth*, Palgrave MacMillan, 2007.

［161］W.Godley, "Money, Finance and National Income Determination: An Integrated Approach", *Working Paper*, No.167, 1996.

责任编辑：吴焰东

封面设计：王欢欢

图书在版编目（CIP）数据

结构与效率视角下我国货币化水平研究／吴建军著 . —— 北京：人民出版社，
　2024.4

ISBN 978−7−01−026407−3

Ⅰ.①结…　Ⅱ.①吴…　Ⅲ.①货币化—研究—中国　Ⅳ.① F822

中国国家版本馆 CIP 数据核字（2024）第 054763 号

结构与效率视角下我国货币化水平研究

JIEGOU YU XIAOLÜ SHIJIAO XIA WOGUO HUOBIHUA SHUIPING YANJIU

吴建军　著

人民出版社 出版发行

（100706　北京市东城区隆福寺街 99 号）

北京九州迅驰传媒文化有限公司印刷　新华书店经销

2024 年 4 月第 1 版　2024 年 4 月北京第 1 次印刷

开本：710 毫米 ×1000 毫米 1/16　印张：17

字数：189 千字

ISBN 978−7−01−026407−3　定价：68.00 元

邮购地址 100706　北京市东城区隆福寺街 99 号

人民东方图书销售中心　　电话（010）65250042　65289539